청소년을 위한
처음 정치학

정치학이 '처음'인 친구들에게

# 청소년을 위한

# 처음
# 정치학

박요한 지음

청아출판사

# 정치학은
# 어떤 학문인가?

    우리가 사는 세상은 항상 정치와 밀접하게 연관되어 있습니다. 날마다 정치 이야기가 각종 뉴스매체 헤드라인을 장식하고요. 대통령이 국정을 수행하는 이야기, 국회의원이 법안을 만드는 이야기, 차기 대선후보로 부상한 유력 정치인 이야기와 같은 국내 정치 뉴스뿐 아니라 미국과 중국의 세력 경쟁, 유엔의 평화 유지 활동, 한국과 일본의 무역 분쟁과 같은 각종 국제 정치 뉴스가 매일 우리에게 전달됩니다.

    이렇게 정치는 우리 생활과 주변 속에 깊이 스며들어 있습니다. 도무지 정치적이지 않은 것을 찾아보기 힘듭니다. 그런데 정치라는 것은 우리가 흔히 생각하는 정당 청사나 청와대, 국회의사당, 지역 국회의원 사무실, 시의회 같이 지극히 정치적인 장소에서만 제한해서 일어나지 않습니다. 사람과 사람이 만나서 상호 작용하는 인간관계는 반드시 정치를 내포할 수밖에 없습니다. 가족과 함께 생활하는 가정에서, 배우고 공부하는 학교에서, 친구들과 하는 놀이 속에서 늘 정치는 발생합니다.

정치학은 우리 삶에 깊이 자리 잡은 정치를 연구하는 학문입니다. 정치학을 좀 더 사전적으로 규정하자면, 사회 조직이나 국가 권력을 획득하고, 행사, 통치하는 행위 그리고 그 행위의 범위와 방법을 규정하는 제도 및 체제, 자원과 가치의 획득과 배분을 둘러싼 권력 행사 및 투쟁,

갈등 조정 및 타협 등을 연구하는 학문입니다.

정치학을 학문적으로 연구하는 데 크게 두 가지 조류가 있습니다. 하나는 정치 체제와 행위자로부터 나오는 정치 현상 자체에 집중하여, 좀 더 객관적으로 조망해 현상의 원인과 결과에 대한 이해를 구하고자 하는 정치 과학the scientific study of politics 기조입니다. 다른 하나는 밖으로 나타나는 정치 현상 자체보다는 그 현상의 본질은 무엇인지, 무엇이 옳은 것인지, 무엇이 마땅히 이루어져야 하는지, 무엇이 부끄럽지 않은지와 같은 규범적인 질문을 던지고 답을 구하는 철학적 정치 연구the philosophical study of politics 기조입니다.

정치학은 연구하는 주제에 따라 비교 정치, 국제 관계, 정치 철학, 정치학 방법론 등 크게 네 가지 분야로 나누어집니다.

먼저 각 나라의 다양한 정치 제도와 정치 체제, 정치 과정, 정치 행태를 조사해 유사점과 차이점을 비교 연구하는 비교 정치comparative politics가 있습니다. 주요 연구 주제로는 민주화, 선거, 권위주의, 군민 관계, 쿠데타, 산업화, 경제 발전, 복지 국가, 시민운동, 시민 사회, 혁명 등이 있습니다. 예를 들면 다음과 같은 질문에 대한 해답을 구하는 연구를 합니다.

- 왜 어떤 국가는 한국처럼 독재 국가에서 민주주의 국가로 전환하는 데 성공하고 어떤 국가는 실패하는가?
- 민주주의 정치 제도는 지속적인 경제 발전에 어떠한 긍정적인 영향을 미치는가?
- 서구 유럽과 같은 다당 체제와 미국이나 한국 같은 양당 체제의 장단점은 무엇인가?
- 선거 결과에 영향을 미치는 정치, 경제, 사회, 문화적 요소는 무엇인가?
- 왜 어떤 유권자는 선거마다 투표에 참여하고 다른 유권자는 참여하지 않는가?
- 혁명은 왜 일어나고, 왜 성공하고 실패하는가?

국제 관계international relations는 국가 간의 상호 작용과 그 경계를 넘어 일어나는 지역적 문제와 세계적 차원의 문제를 연구하는 분야입니다. 국제 관계의 가장 주요한 행위자는 주권을 가진 국가이며sovereign states, 국가의 정부뿐 아니라 각국 정부 대표가 모인 국제 정부 기구intergovernmental organizations를 비롯해 국제 비정부 기구international non-governmental organizations, 다국적 기업, 기타 비정부 조직도 국제 관계와 국제 체제에 영향을 미치는 행위자입니다. 주요 연구 주제로는 전쟁, 안보, 외교, 국제 무역, 외교 정책, 국제 테러리즘, 국제 협상, 빈곤, 인권, 내전, 세계화, 지구 환경 문제 등이 있습니다. 몇 가지 구체적인 연구 문제의 예를 들면 다음과 같습니다.

- 국가 간 전쟁은 언제, 어떻게, 왜, 누구에 의해 일어나는가?
- 전쟁이 사회 전반에 미치는 정치, 경제, 사회, 문화적 영향은 무엇인가?
- 왜 민주 국가끼리는 서로 전쟁하지 않는가?
- 국가 간의 갈등과 분쟁이 어떻게 평화적인 방법으로 해결될 수 있는가?
- 국제 무역이 국제 관계에 미치는 긍정적 혹은 부정적 영향은 무엇인가?
- 왜 국제 무역은 특정 국가 사이에서 더 활발히 이루어지는가?
- 지구 온난화와 같은 지구 환경 문제 개선을 위해 어떻게 하

면 국가들이 서로 양보하며 더욱 협력할 수 있는가?

◆ 국제 테러리즘은 왜 발생하고 피해국에 어떤 영향을 미치는가?

◆ 국제기구가 국가 간의 협력을 원활히 하고 지구의 다양한 문제들을 해결하는 데 얼마나 유용한가?

정치 철학political philosophy 혹은 정치사상political thought 분야는 정치와 그에 연관된 것들에 관한 근원적이고 본질적인 것을 탐구합니다. 기본적으로 "무엇이 왜 옳은 것인가?", "그 본질은 무엇이며 왜 필요한가?"라는 당위적이고 규범적인 질문을 탐구 틀로 삼습니다. 이 틀을 기반으로 법과 제도, 정치 체제, 정치 행위자, 정치 현상을 연구하고 자유, 평등, 정의, 권리, 법, 권위, 정체성과 같이 정치적으로 중요한 개념들을 규정하고 재정의합니다. 또 자유주의, 보수주의, 사회주의, 파시즘, 무정부주의 등과 같은 정치 이데올로기ideology 연구를 통해 사상과 현실의 관계를 이해하고자 합니다.

마지막으로 정치학 방법론 분야입니다. 이 분야는 정치 현상에 관한 특정 범위나 주제를 연구한다기보다 정치학 연구를 '어떻게 하면 효율적이고 정확하게 수행할 것인가?' 하는 기술과 방법을 개발하고 발전시키며 연구자를 훈련하는 것을 그 목표로 삼습니다. 주로 정치 현상을 이해하려고 만들어진 이론을 역사적 정치 현실과 수집된 데이터에 비추어 검증하고 결과에 대한 추론을 도출하는 데 쓰입니다. 더 다양한 세부 영역으로 나뉠 수 있으나, 크게 통계, 수학 모델, 게임 이론 등을 활용하는 양적quantitative 연구 방법과 사례 조사, 심층 면접, 문헌 분석과 같은 질적qualitative 연구 방법, 두 가지가 있습니다. 양적 연구 방법은 많은 사례와 관측값을 종합한 연구에서 얻은 결과와 결론을, 그 연구의 범위를 넘어서 다른 사례와 집단에 적용해 이해하고 추론하는 일반화generalization 작업에 유리합니다. 반면 질적 연구 방법은 연구 범위가 축소 집중되어 있어 더 풍부하고 자세한 발견이 가능하며, 특정 문제에 대한 새로운 시각과 통찰을 제공하는 데 유리합니다.

양적 연구와 질적 연구 방법은 정치학에만 국한해 쓰이는 것이 아니라, 경제학, 사회학, 심리학, 인류학, 신문방송학, 사회복지학과 같은 사회 과학 전반에 널리 적용해 사용합니다. 여러분이 수학을 잘하거나 적어도 수학을 싫어하지는 않는다면 아무래도 양적 연구 방법을 더 선호할 것이고, 그렇지 않으면 질적 연구 방법을 선호하겠죠. 그러나 요즘 학문 연구에서는 모두에게 양적 연구 방법의 기본을 이해하고 사용하는 게 요구됩니다.

만약 정치학을 비롯한 사회 과학 분야 진로를 꿈꾼다면, 국어, 영어, 역사, 사회 같은 전형적인 문과 과목에만 치중하여 공부하지 말고, 수학, 물리, 지리 등 이과 계열 과목 공부도 열심히 하기를 당부합니다.

# 차례

# 1장

## 정치와 권력

# 정치란 무엇일까?

　정치란 무엇일까요? 정치는 무엇이기에 사람이 사람과 함께 살아가는 공동체의 생활 속에서 항상 발생할까요? 정치학 연구는 기본적으로 인간과 인간이 무리를 이루고 있는 집단의 정치를 연구하는 것입니다. 따라서 정치가 무엇이고 어떻게 이루어지는지를 정의하고 이해한다면, 정치학이 어떤 학문이고 무엇을 연구하는지 더 잘 이해할 수 있을 겁니다.

　인간이 살아가는 데 정치는 반드시 필요하며, 그 필요를 부정할 수도 없습니다. 하지만 상당히 많은 경우 정치를 부정적인 것으로 보기도 합니다. 이런 시각은 정치가 본래 악한 것이며, 다만 인간 사이에 생기는 더 악한 일을 통제하기 위한 필요악으로

봅니다. **정치적**이란 말은 권력을 탐하고, 음모를 꾸미고, 남을 이용하려 하고, 권력에 아부하는 것에 빗대어 쓰기도 하죠?

하지만 이 말은 긍정적인 이미지로도 많이 씁니다. 수완이 뛰어나고, 사교적이며, 중재를 잘하고, 설득력과 추진력이 있으며, 카리스마가 있는 것을 빗대어 정치적이라 표현하기도 합니다.

대통령학으로 유명한 스티븐 스코우로넥Stephen Skowronek, 1951~ 예일대 교수는 일을 수행해 내는 능력을 정치인의 가장 중요한 자질로 보았습니다. 미국 역대 대통령은 이런 면에서 당대 정치인 중에서 가장 뛰어난 사람이었다고 합니다. 오늘날 우리에게 '철혈 대제'로 잘 알려진, 옛 독일 지역의 가장 강력한 왕국 프로이센의 재상 비스마르크Bismarck, 1815~1898는 "정치는 가능성의 예술이다Politics is the art of possible."라고 말했습니다. 이는 일을 구별할 줄 아는 것이 곧 정치의 기본적인 기능이자 정치인의 기본적인 자질이라는 뜻입니다.

# 정치의 기원과 뜻

🔖 **동양**

　　　　　정치라는 말의 기원을 보면 실
용적으로 필요한 것뿐 아니라 도덕적으로도 옳은 것을 뜻합니다.
정치는 한자로 政治라고 씁니다. 고대 중국의 유교 경전인《상
서(尙書)》에서 처음 나온 말입니다. 政(정)은 '바르게 하다' 正(정)과
'회초리로 치다'라는 攵(복)이 합쳐진 글자입니다. 자기 자신을
쳐서 바르게 하고 자신의 부조리를 다스려 극복한다는 뜻입니
다. 治(치)는 '물(氵=水)'과 다른 글자와 함께 쓰일 때 '먹이다'라
는 뜻을 가진 台(태)를 합한 말입니다. 물을 다스려 백성이 잘 먹
고 잘살도록 돕는다는 의미입니다.

고대 동양의 정치 철학자 맹자는 정치를 두고 바르게 하도록 돕는 것이라 하였습니다. 맹자는 인간의 본성을 선하다고 보았는데요, 본성이 선하다고 해서 인간의 삶이 선하다는 것은 아닙니다. 인자함, 의로움, 예의, 지혜의 네 가지 덕성을 발현하고 살아야 바르고 선한 삶입니다. 바르고 선한 삶은 그냥 얻어지지 않습니다. 스스로의 인격과 삶을 돌아보고 갈고닦는 자기 수양이 있어야 합니다. 교육을 통해 백성의 자기 수양을 돕는 것이 맹자의 유교 사상에서 말하는 정치의 기능입니다.

　그런데 인의예지 4덕과 자기 수양보다 선행되어야 하는 조건이 있습니다. 사람이 먹고, 입고, 거주하는 의식주의 해결이 그것입니다. 그 조건을 바로 정치가 제공해야 합니다. 바르고 선한 삶을 돕는 정치는 먼저 일정 수준의 경제적 풍요를 이루게 합니다. 맹자는 이를 항산(恒産, 생활에 필요한 일정한 물질적 조건과 생업)이라 했습니다. 4덕의 삶 이전에 먼저 경세제민(經世濟民, 세상을 다스려 백성의 살림을 보살핀다)을 해야 한다고 주장했고요. 오늘날 우리가 쓰는 경제란 말이 경세제민의 줄임말입니다. 항산과 경세제민을 강조한 맹자의 정치사상은 조선 후기 실학의 이용후생(利用厚生, 백성의 일상적 생활에 이롭게 쓰이고 삶을 풍요롭게 하는 것)보다 훨씬 먼저 생활 조건과 물질적 풍요의 중요성을 강조한 것입니다. 이런 면에서 어찌 보면 실학사상은 당시 지나치게 충효와 허례허식을 강조했던 성리학의 폐단에서 벗어나 유학 본연의 단순한 진리로 돌아가고자 하는 맹자의 재발견이었다고 볼 수도 있겠습니다.

## 📖 서양

서양 철학에서 말하는 정치의 뜻을 알아볼까요? 정치는 영어로 Politics입니다. 이 말은 고대 그리스의 도시를 뜻하는 폴리스(Polis, 도시국가)에서 유래했어요. 폴리스는 도시에서도 특히 종교적 행정적 핵심부religious and administrative center를 뜻합니다. 폴리스는 또한 도시에 거주하는 투표권을 가진 시민의 집합체를 의미합니다. Politics는 바로 폴리스와 폴리스에 사는 시민에 관한 활동과 결정을 의미합니다.

기원전 5세기 무렵 고대 그리스 도시국가 아테네에서는 직접 민주주의가 시행되었습니다. 일정 자격을 갖춘 시민이 모여 도시의 주요 사항을 투표로 결정한 거죠. 그러나 투표권은 제한된 소수에게만 주어졌습니다. 즉 아테네식 민주주의는 일종의 계급제이자 과두제의 변형이라 할 수 있습니다. 당시 아테네 전체 인구 약 25만~30만 중 투표에 참여할 수 있는 참정권을 가지고 있는 사람은 약 3만~5만 명에 불과했습니다. 미성년자는 물론, 여성과 노예, 외국인 등은 정당한 시민으로서 대우받지 못한 거죠. 아테네식 민주주의의 의의는 권력이 극소수의 사람에게 독점되지 않고, 소수이지만 그래도 상당히 많은 사람이 참여하여 정치 공동체의 결정을 만들어 간다는 것입니다. 이런 면에서 인구 대비 일정 비율로 선출된 대표들이 전체 시민을 대신하여 공동체의 결정을 만들어 나가는 오늘날의 대의 민주주의 제도와 유사한 면이 있습니다.

현대 정치학에서 가장 일반적으로 받아들여지는 정치에 대한 정의는 미국 정치학자 데이비드 이스턴David Easton, 1917~2014이 내린 **가치의 권위적 배분**the authoritative allocation of values입니다. 여기서 말하는 가치란 돈이나 자연 자원 같은 물질적인 재화뿐 아니라 명예나 사회적 지위, 사상과 이데올로기, 신념과 같이 비물질적이고 정신적으로 귀하게 여겨지는 것을 포함합니다. 즉 어떤 것이든 특정 사회에서 그 사회를 구성하는 많은 사람이 공통으로 가치 있다고 여기는 거의 모든 것을 말합니다.

미국 정치학자 해럴드 라스웰Harold Laswell, 1902~1978의 격언과 같은 정의도 자주 사용됩니다. 라스웰은 정치를 '누가 무엇을, 언제 어떻게 갖느냐'Who gets what, when and how'에 관한 것이라 정의했습니다. Who는 정치 행위자를, what은 권력과 가치를, when and how는 타이밍과 방법론을 말합니다. Get은 '가져오고', '가져가는' 배분을 말합니다. 라스웰과 이스턴 모두 가치와 배분을 중심으로 정치에 대한 정의를 내렸습니다.

## 🔖 권위적 배분

가치와 배분에 대해서 좀 더 자세히 들여다보겠습니다. 많은 사람이 원하고 귀하게 여기는 것은 대체로 희소합니다. 희소하기 때문에 더 귀하게 여겨지고 더 많이 욕망합니다. 누구나 쉬이 가질 수 있는 흔한 것이라면 사람들이 가치 있게 여기지 않겠죠. 이 가치의 희소성 때문에 사람과 사람 사이에 갈등이 생기고 다툼과 경쟁이 일어납니다. 가치 있는 것은 제한되지만, 그것을 원하는 사람은 너무도 많기 때문입니다. 소수의 누군가는 원하는 희소가치를 얻을 수 있겠지만, 그와 동시에 다수는 희소가치를 다른 사람 손에 잃는 겁니다.

그럼 희소가치를 어떻게 배분해야 할까요? 얻는/이기는 사람winner이 있으면 반드시 잃는/지는 사람looser이 있기에 쉬운 문제가 아닙니다. 이것이 바로 정치의 영역이죠. 희소가치가 혼란과 싸움 없이 공정하게 나누어지고, 일단 내려진 배분 결정이 큰 이 의나 도전 없이 사회 구성원에게 받아들여질 때 **권위적 배분**이 이루어졌다고 할 수 있습니다. 이것이 바로 정치의 순기능으로, 정치는 권위적 배분을 가능하게 하는 것입니다.

'권위적'이란 말은 언뜻 듣기에 다소 강압적이고 부정적인 어 감이지만, 여기서 말하는 '권위'란 강압과 억압만을 뜻하는 것은 아닙니다. 오히려 합리적으로 생각하는 다수의 구성원이 이해하 고 수긍할 수 있는 적절한 배분의 결정을 뜻합니다. 합리적인 다 수가 이해하고 수긍할 만한 정치적 결정을 내린다는 것은 또한 정치적 정당성political legitimacy이 있다고 표현합니다. 받아들여질 만 하고 정당성 있는 권력 행사가 진정한 권위를 가진 권력 행사입 니다.

강압적/자발적

폭력적/비폭력적


그러면 권위적 배분을 위한 정치적 결정은 무엇에 의해 어 떻게 내리는 걸까요? 우리가 함께 살고 있는 집단과 사회 공동체 전체에 영향을 미치는 결정을 내릴 수 있는 권한을 정치 권력political power이라고 합니다. 정치 권력이 바로 가장 직접적인 권위적 배분 결정을 담당합니다. 권위authority와 권력power은 서로 깊게 연관되어 있어 떼려야 뗄 수 없는 관계입니다. 한 사회의 정치 권력이 정당성을 가지려면 권력의 획득 과정과 행사 방식이 사회 구성원이 보기에 납득할 만한, 즉 합당한 것이어야 합니다. 정치적 정당성이 확보된 정치 권력만이 배분의 결정을 권위 있게 할 수 있습니다. 정치 권력이 권위적 배분을 다할 때 사회는 큰 혼란 없이 질서 있게 발전할 수 있는 정치적 토대를 다지게 됩니다.

# 권력은 무엇일까?

권력은 힘이라고 바꾸어 말할 수 있습니다. 권력과 힘 모두 영어로는 'power'라는 같은 단어로 표현합니다. 정치학에서 힘은 남의 행동을 바꿀 수 있는 능력, 즉 남에 대한 영향력<sup>the ability to</sup>이라 정의합니다. 누군가가 영향력이 있다는 것은 다른 사람에게 '그렇지 않았다면 마땅히 하지 않았을 것을 하게끔 하는 것'을 뜻합니다. 이것을 적극적 영향력<sup>positive influence</sup>이라고 말합니다. 반대로 타인에게 '그렇지 않았으면 마땅히 했을 일을 하지 않게 만드는 것'을 소극적 영향력<sup>negative influence</sup>이라 합니다. 정치에서 힘은, 경제에서 돈이 하는 것과 같은 역할을 합니다. 경제 활동이 돈을 기준으로 이루어지듯이 정치 행위는 힘을 기반으로 일어납니다. 권력과 힘이 작용하는 모든 인간관계에서 권력 관계가 형성되고 정치 행위가 일어난다고 할 수 있습니다.

## 🔖 희소가치의 권위적 배분

만약 부모님이 통제하지 않는다면 우리는 공부나 운동보다 온라인 게임과 유튜브에만 온통 시간을 할애할지도 모르겠습니다. 시간을 마음대로 쓰지 못한다고 불행하게 느낄 수도 있겠지만, 다행히도 우리를 향한 부모님의 사랑과 영향력 덕분에 희소가치로 주어진 시간을 더욱 균형 있고 효율적으로 배분해 선용하고 있는 것 아닐까요? 이러한 경우에 정치의 순기능, 다시 말해 희소가치의 권위적 배분이 가정에서 일어났다고 말할 수 있습니다.

학교에서는 어떨까요? 선생님의 교육과 감독 없이 오직 자율과 방임만이 주어진다면, 당장 자유로운 학교생활을 만끽할 수도 있을 겁니다. 어쩌면 학교에 가지 않고 아침마다 맘 놓고 늦잠을 잔다거나, 좋아하는 유튜브를 보고 게임을 하느라 밤을 새울지도 모르죠. 생각만 해도 얼마나 신나는 세상인가요? 하지만 학교의 교육과 규율, 통제가 없는 생활이 계속 이어진다면, 우리는 앞으로 살아가는 데 필수 불가결한 것들을 제대로 배우거나 익히지 못할 겁니다. 그러면 어른이 되어서도 올바로 생각하고 제대로 실행할 수 없어 독립적이고 주체적인 인격체로서 자기 주도적 삶을 살기 힘들겠죠? 당장은 불편하고 어려워도 학교와 선생님의 영향 아래 지식을 배우고 규율을 받아들이며 사는 법을 배우는 것은 단 하나, 단 한 번뿐인 최고 희소가치인 우리 삶을 제대로 정치하게 되는 겁니다.

우리가 사는 대한민국은 국민 모두에게 국방의 의무를 지게 합니다. 국가는 국민이 의무를 받아들이고 소임을 다하는 것을 '신성하다'라며 큰 의미를 부여하죠. 국민 모두는 국가와 그 제도의 영향력 아래에 있으므로 국가가 부여한 기본 의무를 다해야 합니다. 대신 국가는 국민을 보호하고 안전과 질서를 보장해 줍니다. 누구나 국방의 의무를 지지만 누구나 다 병역의 의무를 지는 것은 아닙니다. 심신과 조건이 일정 수준을 충족하는 18세 이상 남성 국민만이 현역 대상에 포함되며, 병역특례법상 특별한 예외에 해당하는 경우를 제외하고는 반드시 군대에 가야 합니다.

18세가 넘어서 현역병으로 군대에 가고, 1년 6개월에서 1년 9개월에 이르는 아까운 청년의 시간을 엄격한 규율과 통제 속에

고된 훈련을 받으며 보내고 싶은 사람은 별로 없을 것 같습니다. 어려서부터 특별히 전쟁놀이를 좋아했거나 꿈이 군인인 사람을 제외한 대부분은 한창인 청년 시기에 군대에 가고 싶지 않을 겁니다. 그렇지만 현역 대상 국민 대부분이 병역의 의무를 회피하지 않고 완수합니다. 한 개개인으로서는 기꺼이 하고 싶지는 않을 국방과 병역의 의무를 대한민국 국가 공동체의 일원으로서는 별 저항 없이 받아들입니다.

이는 국가 권력이 국민에게 미치는 영향력 때문입니다. 외부의 위협과 침략으로부터 국가 공동체를 지키는 것은 모두를 이롭게 하는 공공선public good입니다. 따라서 국가가 국민에게 명령하고 강제하는 병역의 의무를 국민은 충분히 납득해 받아들이는 것이고, 이는 국가에 의한 정당한 권력 행사가 됩니다. 이때 정치의 순기능인 '희소가치의 권위적 배분'이 국방에 대하여 국가와 국민에 의해 이루어졌다고 말할 수 있습니다.

# 국민도 국가 권력에 영향력을 행사할 수 있을까?

국가 권력이 국민에게 의무를 지우고 국민 삶에 영향력을 행사하는 것은 너무나 당연해 보입니다. 그런데 국가 권력 기관이 아닌 일반 사회 구성원과 시민 사회civil society도 법안 제정을 끌어내서 국가 제도를 변화시키고 사회적으로 의미 있는 정치적 영향력을 발휘할 수 있습니다. 예를 들면, 최근 음주 운전과 어린이보호구역school zone 내 안전운전에 대한 규제와 처벌을 강화해야 한다는 사회적 공감대와 요구가 심화되고 있습니다. 여기에는 결정적인 계기가 된 두 사건이 있습니다. 바로 '윤창호 사건'과 '충남 아산 어린이 교통사고 사망 사건'입니다.

윤창호 사건은 2018년 9월 25일 휴가 중이던 육군병사 윤창호가 부산 해운대구 미포오거리 교차로 횡단보도에서 친구들과 같이 서 있다가 혈중 알코올농도 0.181%의 만취 상태 운전자 차량에 치여 사망한 음주 교통사고 사망 사건입니다. 당시 음주 운전 사망 사고에 대한 대법원 양형 기준은 최대 징역 4년 6개월이었고, 2015~2017년 기간에 음주 운전 사망 사고 피고의 평균 형량은 징역 1년 6개월이었습니다.

윤창호의 친구들은 '도로 위 살인 행위'를 한 음주 운전자를 강력하게 처벌하는 법률을 만들어 달라고 청와대 국민청원에 호소했습니다. 음주 운전에 대한 전 국민적 공분을 끌어낸 거죠. 그 결과 청원 시작일인 2018년 10월 2일부터 마감일인 2018년 11월 1일까지 40만 이상의 동의를 얻었습니다. 청원 시작 약 20여 일 만에 국회의원들은 음주 운전 관련 처벌과 단속 기준이 강화된 소위 '윤창호법'을 발의했고, '제1윤창호법'과 '제2윤창호법'으로 분리돼 11월 29일과 12월 7일 각각 국회 본회의를 통과해 법률로 제정됐습니다. '제1윤창호법'은 음주나 약물 영향 아래 운전하다 사람을 다치게 하면 기존 '10년 이하의 징역 또는 500만 원~3천만 원의 벌금'을 '1년 이상 15년 이하의 징역 또는 1천만 원~3천만 원의 벌금'으로, 사망 사고 시 기존 '1년 이상의 유기징역'을 '무기 또는 3년 이상의 징역'으로 상향 조정 개정한 〈특정범죄 가중처벌 등에 관한 법률〉을 말합니다. '제2윤창호법'은 기존 음주 운전 기준인 혈중 알코올농도를 0.05%에서 0.03%로 낮추고, 음주 운전 자체의 벌칙을 상향하여 조정한 〈개정 도로교통법〉을 말합니다.

'충남 아산 어린이 교통사고 사망 사건'은 2019년 9월 11일 충청남도 아산시 온양중학교 앞 어린이보호구역school zone 내에서 횡단보도를 건너던 당시 초등학교 2학년 김민식 군이 차량에 치여 그 자리에서 사망한 사건입니다. 가해 차량은 스쿨존 제한 속도(30km)를 준수하며 23.6km로 운행하고 있었으나 횡단보도 앞에서 일시 정지를 해야 하는 교통법규를 어기고 그대로 직진하다 사고를 냈습니다. 이후 김민식 군의 부모가 청와대 국민청원에 글을 올리고 TV에 출연하는 등 이 사건을 적극적으로 알렸으며, 언론과 사람들의 관심이 계속 이어졌습니다. 10월 11일 '민식이법'으로 불리는 도로교통법 개정안과 〈특정범죄 가중처벌 등에 관한 법률 개정안〉이 국회의원들에 의해 발의됐습니다. 김민식 군의 부모는 2019년 11월 19일 MBC에서 방영한 문재인 정부의 〈국민과의 대화〉에 첫 질문자로 출연하여 '민식이법' 통과를 촉구했습니다. 문재인 대통령은 국회와 협력해서 법안이 통과되도록 최선을 다하겠다고 약속했고, 방송 후 채 한 달이 되지 않은 12월 10일 국회 본회의를 통과했습니다.

이렇게 제정된 '민식이법'은 두 가지 분리된 법 규정으로 이루어져 있습니다. 하나는 스쿨존 내 신호등 우선 설치와 과속단속카메라 설치를 의무화하는 〈도로교통법 일부 개정안〉이고, 다른 하나는 스쿨존 내 안전운전 의무 부주의로 인한 사망이나 상해사고를 일으킨 가해자를 가중처벌하는 〈특정범죄 가중처벌 등에 관한 법률 일부 개정안〉입니다.

위의 두 사례는 다시 일어나서는 안 될 안타까운 희생으로부터 비롯된 것이지만, 몇 사람의 개별적 청원과 요구가 사회적 공감대를 끌어내고 언론과 정치권을 움직여 새로운 법안으로 만들어져 궁극적으로 사람과 사회를 변화시키는 힘이 될 수 있음을 보여 줍니다. 음주 운전을 제한하고 스쿨존 안전운전을 강제하는 강력한 법과 규정이 없다면, 아마도 더 많은 사람이 음주운전이나 스쿨존 내 부주의 운전을 할 겁니다. 더 많은 불행한 사고가 발생하겠죠. 윤창호법과 민식이법은 법 규정으로 제정해하지 말아야 할 것을 못 하게 하는 영향력을 발휘하는 것입니다. 작은 불꽃 하나가 큰 불꽃을 일으킨 것입니다.

또 하나 획기적인 것은 윤창호법과 민식이법이 제정된 20대 국회에서 의원이 법안을 발의했을 때 평균 가결률은 약 6.7%에 불과했다는 것입니다. 20대 국회, 의원 발의 법안 총 2만 1,594건 중 원안 및 수정 가결을 합쳐 1,437건만이 국회 본회의를 통과하여 가결됐습니다. 발의에서 가결까지 법안 통과에 걸리는 시간도 보통 1년 6개월에서 2년 정도의 상당 기간이 소요된 것으로 나타났습니다.

# 권력의 두 유형

　누군가 하지 않았을 것을 하게 만들고 반대로 할 것을 하지 않게 하는 힘, 그것을 정치학에서는 권력이라 부릅니다. 권력에는 두 가지 형태가 있습니다. 하나는 하드 파워hard power이고, 다른 하나는 소프트 파워soft power입니다.

　하드 파워는 말 그대로 딱딱하고 단단한 느낌의, 우리가 흔히 생각하는 물질적이고 물리적인 힘 혹은 그 힘의 원천을 이루고 있는 자원을 말합니다. 주변에 남다르게 힘이 세거나 몸 쓰는 기술이 뛰어난 친구가 있죠? 일단 그렇게 인식하고 나면 아무도 그 친구를 함부로 대하지 못할 것이고, 그 친구는 다른 친구와의 관계에서 노골적이지는 않더라도 은근한 우위를 누릴 겁니다.

본인의 힘과 운동 능력 이외에도, 부모님과 집안의 권력과 재력도 다른 사람과의 관계에서 유리하게 작용할 수 있는 하드 파워 자원입니다. 국가로 치면 다른 나라의 침공을 막고, 필요하면 무력으로 제압해 원하는 것을 얻을 수 있는 군사력이 대표적인 하드 파워입니다. 군사력을 뒷받침하는 경제력과 자연 자원, 많은 인구도 하드 파워의 중요 요소이고요. 하드 파워는 직접적인 물리적 힘의 사용이나 간접적인 힘의 암시를 통해 강제적 영향력을 행사하는 데 씁니다. 상대방이 하고 싶어서라기보다는 어쩔수 없이 내가 원하는 방향으로 행동하게 만드는 강제력입니다.

소프트 파워는 하드 파워와 다르게 비물리적이고 비물질적인 힘입니다. 한마디로 상대방을 끄는 힘, '매력attraction'으로 영향력

소프트 파워 소프트 파워 차원에서 누가 청소년들에게 가장 큰 영향력을 가지고 있을까요? 아마도 방탄소년단, 트와이스, 블랙핑크, 엑소 같은 아이돌 그룹이 아닐까 싶습니다. 그중에서도 방탄소년단BTS이 단연코 돋보입니다. 미국 빌보드, 영국 오피셜 차트, 일본 오리콘을 비롯해 애플뮤직, 아이튠스, 스포티파이등 세계 주요 음악 차트 정상에 올랐고, 음반 판매량 및 음원 차트에서 계속해서 압도적인 성과를 보여 주고 있습니다. 방탄소년단과 관련하여 자주 언급되는 연관 검색어와 언론 보도 키워드는 '선한 영향력'입니다. '선한'이란 단어는 어느 모로 보나 하드 파워보다는 소프트 파워를 의미하기에 방탄소년단의 영향력은 굿 소프트 파워good soft power라 표현할 수 있습니다.

을 행사합니다. 물리적 힘으로 누르거나 잠재적 폭력의 사용을 전제로 윽박지르지 않아도 누군가를 자발적으로 따르게 만드는 힘입니다. 가진 힘이 무섭거나 보복이 두려워서가 아니라 누군가가 좋아서 그가 가진 무언가에 끌려 그를 따르거나 그가 원하는 방향으로 행동하는 겁니다. 주변에 특별히 인기 있는 친구들이 있습니다. 많은 친구가 친해지고 싶어 할 테고, 이들이 입고 말하고 행동하는 방식을 따라 하고 싶어 할 것입니다.

# 2장

# 정치인

# 정치인이란?

　지금까지 정치학, 정치, 권력에 대해서 배웠습니다. 그러면 이제 직업으로 정치를 행하는 정치인에 관해서 이야기하면 좋을 것 같습니다. 정치인이란 누구일까요? 어떤 희소가치를 추구할까요? 어떤 자질을 갖추어야 할까요?

　정치인은 문자 그대로 정치를 하는 사람입니다. 그런데 앞서 설명했듯이 정치는 정치인만 하는 것이 아니라 우리 모두 날마다 일상 속에서 행하는 것입니다. 그렇다고 우리를 모두 정치인이라 하지는 않습니다. 즉 정치 행위자와 정치인은 다른 것입니다. 정치인을 단지 정치 행위를 하는 사람으로 단순하게 정의할 수 없습니다. 정치인은 정치를 직업으로 삼은 사람입니다. 주로 정당에 가입해 정치 활동을 하고, 선거에서 선출직에 당선돼 활동하거나 미래에 선출직에 진출하고자 희망하는 사람입니다.

정치인은 크게 세 가지 이익을 추구하고 실현하고자 합니다. 첫째 개인의 이익, 둘째 정당의 이익, 셋째 국민과 국가를 위한 공익입니다. 어떤 정치 활동이든지 간에 이 세 가지 이익이 복합적으로 작용합니다. 순수하게 오직 국민과 국가만을 위한다고 말할 수는 있겠죠. 하지만 정치인도 물질적 필수 욕구와 명예와 권위를 통해 인정받고 싶은 욕구를 채워야 하는 인간입니다. 이 때문에 개인적 이익 추구로부터 완전히 자유로울 수는 없습니다. 또 소속된 정당의 이익도 생각해야 합니다. 속한 정당이 인지도가 높고 자금력이 풍부하며 세력이 강해야 정치 경력과 활동도 원활할 것이기 때문입니다.

이러한 개인의 이익과 정당의 이익이 국민과 국가를 위한 공익과 딱 맞아떨어진다면 정치인 개인은 속한 정당의 이익을 찾아 열심히 좇아다녀도 상관없을 겁니다. 문제는 개인의 이익과 정당의 이익, 국가의 이익이 일치하지 않고 서로 충돌할 때가 더 많다는 것입니다. 국가의 이익을 추구하더라도 과연 무엇이 국가의 이익인지 분명하지 않은 경우가 많습니다. 이런 평계로 사익私益을 따라 정치 권력을 이용하고 국익이라 포장하려는 정치인도 있습니다. 또 분명히 국익을 위해 최선을 다했으나 결과는 국익에 해가 되는 경우도 많이 있습니다.

올바른 정치인의 태도와 행실은 각 이익이 서로 상충할 때마다 개인의 이익보다는 정당의 이익, 정당의 이익보다는 국민과 국가를 위한 공익을 추구하고 실현하려 노력해야 합니다. 또 어떤 정치적 선택과 정책이 국가에 도움이 되는지 철저하게 조사하고 검증해서 정견을 세우고 구체적인 정책을 추진해야 할 것입니다.

유권자도 정치인이 개인의 이해관계보다 되도록 많은 사람이 혜택을 입을 수 있는 공익을 추구하는 양심과 실현해 낼 수 있는 능력이 있는지 잘 지켜보고 감독해야 합니다.

요약하면, 어떤 정치인이나 사익을 추구하는 이기심과 소속 정당에 대한 충성심, 국민과 국가를 생각하는 애국심을 동시에 다 가지고 있을 수 있습니다. 그러므로 이 자체만으로 특정 정치인을 비난할 수는 없습니다. 중요한 것은 각기 다른 차원의 마음이 충돌할 때 공인으로서 작은 차원의 이기심을 극복하고 큰 차원의 공익을 위해 일하는 정치인이 좋은 정치인이란 겁니다.

# 정치인과 권력

정치하는 정치인에게 가장 중요한 공통된 희소가치는 무엇일까요? 100퍼센트 모두 다 그렇다고 할 수는 없겠지만, 누가 뭐래도 힘, 즉 권력일 것입니다. 정치 권력을 얻어 영향력을 발휘하는 것이 정치인의 제1 목표이자 과제입니다. 그래서 정치인에게 있어 정치를 한다는 것은 곧 권력을 쟁취, 유지, 확장하는 끝없는 권력 투쟁struggle for power 과정이라 할 수 있습니다.

정치 권력은 서로 사이좋게 나누어 가지기 힘듭니다. 내가 권력을 쟁취한 만큼 상대방은 권력을 잃고, 상대방이 쟁취하면 내가 그만큼 잃게 되는 제로섬zero sum 게임의 성격이 강해요. 내가 대통령이 되면 상대 후보는 떨어져야 하고, 상대 후보가 대통령이 되면 내가 떨어져야 합니다. 내가 국회의원에 당선되면 내 경쟁자들은 낙선하고 졸지에 실업자가 되기 쉽겠죠?

이처럼 정치인이 가장 원하는 것은 권력을 얻고, 얻은 권력을 계속해서 유지하는 겁니다. 민주주의 국가에서 권력을 얻으려면 선거에서 당선해야 하고, 권력을 유지하려면 재선, 삼선, 사선에 성공해 권력을 유지해야 합니다. 비민주 국가에서는 군인이 반란을 일으켜 권력을 탈환하는 쿠데타가 빈번히 일어납니다. 쿠데타로 탈환한 권력은 또한 다른 군인들의 쿠데타로 잃기에 십상이죠.

권력 쟁취와 유지보다 국익을 더 중요하게 생각하는 선의의 정치인도 당연히 존재합니다. 우리 생각보다 더 많을 수 있고요. 하지만 아무리 원대하고 선한 정치적 포부를 가지고 시민과 국가를 위해 헌신하고 싶다 할지라도 가장 먼저 정치 권력을 쟁취해 내야 그 꿈을 이룰 기회가 생깁니다. 소속 정당의 간부가 되든, 국회의원이 되든, 장관이 되든, 정부 주요 요직을 차지하든 해야 법적 권한을 가질 수 있습니다. 그래야 정부 정책을 주도적으로 끌고 나가거나 조금의 영향이라도 끼칠 수가 있지요.

# 정치인의 성향

권력이란 정치인에게 꼭 필요한 것이고 이루어야 할 목표입니다. 하지만 잘못 맛 들이면 중독되는 마약 같은 것이기도 합니다. 자기 영향력과 통제하에 사회, 제도, 국가 기관을 두고, 많은 사람을 지배하고 움직인다는 착각과 쾌감에 빠지기도 합니다. 이를 항상 조심해야 합니다. 정치인의 일반적인 성격 특성 때문에 이런 위험에 더욱 취약합니다.

## 정치인의 성격 특성

정치인의 성격 특성을 알아볼까

요? 물론 모든 정치인이 아래 특성을 하나도 빼놓지 않고 다 가지고 있다는 것이 아닙니다. 다만 이런 긍정적, 부정적 특성들을 가지고 있고, 각 특성의 강도가 인구의 상위 50퍼센트 이상이라는 것뿐입니다.

정치인은 역사적으로 볼 때 대체로 다음과 같은 성향을 보입니다. 일반인 평균보다 높다는 것이죠.

| | |
|---|---|
| 지능 | 친화력 |
| 학력 | 조직 능력 |
| 언변 | 결단력과 추진력 |
| 체력과 육체적 힘 | 대담성 |
| 외향성 | 뻔뻔함 |
| 사교 능력 | |

| | |
|---|---|
| 관심 욕구 | 땀 흘려 직접 손으로 노동하기 싫어함 |
| 자기 존재 과시 욕구 | 다른 사람을 수단으로 이용하기를 덜 꺼림 |
| 과대망상과 허영 | 자기중심성 |

정치인이라는 직업은 사람을 상대하는 것이 기본입니다. 사람

을 많이 만나는 일 자체가 내성적인 사람에게는 굉장히 피곤하고 힘든 일입니다. 따라서 외향적이고 사교적이며 친화력이 있으면 덜 힘들 겁니다. 대중 앞에 나서서 연설하고 정견을 발표하는 일이 많기에 관심 욕구와 자기 존재 과시 욕구가 남다르다면 정치가 훨씬 수월하게 느껴질 것입니다. 정치는 영향력을 만들어 내고 발휘하는 일입니다. 상대방의 마음을 움직이려면 기본적인 지식과 소양이 있어야 하고 언변이 뛰어나야 합니다. 정치는 그룹과 당파 세력 다툼이 필연적이고 치열합니다. 만약 하나의 정치 세력으로 살아남았다면, 자기편을 만들고 하나의 큰 힘으로 조직화하는 능력이 뛰어났기 때문입니다.

정치인은 연극배우처럼 공개적인 무대에서 자기 직업을 수행하기에 공적과 잘못이 쉬이 드러납니다. 유력한 정치인이 되려면 대중과 언론의 관심이 필요하고, 또 따라오기도 합니다. 그 때문에 자기 존재감을 과시하고 싶은 마음이 커지고, 허영과 과대망상에 빠지기도 해요. 언론의 취재 대상일 뿐 아니라 늘 정치적 라이벌이 경계하고 있기에 비판과 공격에 노출되어 있습니다. 잘못과 실수가 드러났을 때도 여전히 정치 무대에서 대중 앞에 나서야 하고, 또 당당하게 보이고자 합니다. 따라서 보통 사람에게 보기 힘든 정도의 뻔뻔함이 있습니다.

정치적 결정은 미래에 대한 불확실성 속에서 이루어집니다. 과거에서 현재로 이어져 오는 경로 위에서 경험과 실재를 바탕으로 미래에 대한 예측을 최대한 가늠해 보지만, 미래는 늘 불투명하고요. 오늘 내가 내린 결정이 아무리 옳은 판단하에 내린 것일지라도 내일 나와 공동체, 국가에 해가 될지 이익이 될지 알 수 없습니다. 궁극적으로 전체 사회에 이익이 되는 것이라도 정치인의 정책 결정은 항상 이익을 보는 정책 수혜자winners와 손해를 보는 정책 피해자losers를 낳습니다. 이런 불확실성과 정치적 라이벌의 견제와 잠재적 피해자의 반대를 뚫고 자기의 결정을 밀고 나갑니다. 따라서 정치인은 남다른 결단력과 추진력을 가지고 있는 편입니다.

 정치인은 남다른 권력욕을 가지고 있고, 정치인이 된 것만으로도 권력을 어느 정도 쟁취한 사람들입니다. 남다른 권력욕과 쟁취한 권력을 실제로 날마다 행사합니다. 역사적으로 정치인은 지배자였습니다. 많은 사람이 그들의 명령에 따라 움직였고, 그들이 생각하고 계획한 것들이 법과 제도로 만들어졌습니다. 오늘날에도 많은 사람이 정치인을 따릅니다. 그들에게는 늘 명령과 지시를 따르는 사람들이 함께 있습니다. 지시를 받기보다는 내리는 데 익숙하며 이루고자 하는 목적을 위해서 다른 사람들을 수단으로 이용하는 데 거리낌이 적은 편입니다. 직접 땀 흘려 노동해서 무언가 생산하는 일을 유달리 싫어합니다. 대신에 누군가를 이끌고 무엇을 해야 하는지 결정 내려 주는 것을 좋아합니다. 그리고 생산과 분배에 대한 지배와 통제를 통해 자기 대가를 가져갑니다.

이 모든 특성을 귀결하면 자기중심성이라 할 수 있습니다. 본능적으로 권력을 사랑하는 정치인은 자기중심성이 강한 사람입니다. 세상이 자기 위주로 돌아가고 돌아가야만 한다는 허영과 망상이 일반인보다 큽니다. 이러한 개인 성향 덕에 험난한 정치판에 뛰어들어 정치인이 될 수 있었고, 또한 정치인이 되었기 때문에 그러한 개인 성향이 더 강화되기도 합니다.

앞의 리스트에는 누가 보기에도 긍정적으로 보이는 성향들이 있습니다. 또 일반적으로 부정적으로 여겨지는 성향도 있습니다. 이 책을 읽는 여러분이 미래에 정치인이 된다면, 이 리스트가 스스로 비추어 보고 성찰할 수 있는 거울이 되면 좋겠습니다. 긍정적이든 부정적이든 정치인의 일반적 성격 특성이 부족하다고 걱정할 필요는 없을 것 같습니다. 우리가 사는 4차 산업 혁명 시대는 정치의 모습을 급속하게 바꿀 겁니다. 그리고 새로운 시대가 요구하는 정치인의 성향도 많이 바뀔 겁니다. 여기에 대해

선 뒤에 설명하겠습니다.

## 🎺 정치인의 자질

위에서 열거한 리스트는 오랜 시간에 걸쳐 축적된 정치의 모습에서 드러난 정치인의 일반적 성격 특성입니다. 하지만 정치적 권위와 법적 권한을 가지고 사회를 책임 있게 이끌어 가야 할 공인이자 지도자로서 갖추어야 할 인격, 능력, 실력의 정도를 나타내는 자질qualifications과 꼭 일치하는 개념은 아닙니다. 성격 특성과 자질은 비슷한 듯 엄연히 다른 개념이기 때문입니다.

지도자 하면 가장 흔하게 떠오르는 카리스마charisma라는 단어는 다른 사람을 매료하고 타인에게 영향을 끼치는 타고난 성격적 기질, 권위, 기품이란 뜻으로 많이 쓰이는데, 원뜻은 능력과 자질을 말합니다. '신의 은총grace' 혹은 '신의 은사talent/gift'를 뜻하는 그리스어 Kharisma에서 유래했고요, 너무 특별하고 잘나서 생긴 재능과 자질이 아니라 주어진 소명과 책임을 다하라고 하늘로부터 주어진 선물gift입니다. 따라서 카리스마는 재주가 뛰어날수록 그만큼 더 겸손해야 하는 자질입니다.

'현대 사회학의 아버지'라 불리는 독일의 정치 사회학자 막스 베버Max Weber, 1864~1920는 뮌헨 대학에서 강의했던 내용을 정리해 말년에 《직업(소명)으로서의 정치》라는 책을 썼습니다. 이 책은 정치인이 갖추어야 할 덕목과 자질을 자세히 설명하고 있어 정치인의 필독서 중 오늘날까지 가장 우선으로 꼽힙니다. 베버는 정치가의 세 가지 자질로 열정, 책임감, 통찰력을 강조했습니다.

열정은 정치가가 대표하고자 하는 사람과 사상, 가치에 대한 헌신을 말합니다. 열정은 정치인의 신념이며, 이루고자 하는 목표에 대한 구체적인 실천까지 포괄합니다. 책임감은 사람, 사상, 가치, 이익을 대표하는 정치인으로서 말하고 행하는 것뿐 아니라 그 결과에 대해서 책임을 다하려는 태도를 말합니다. 통찰력은 열정과 책임 사이에 필요한 균형 감각입니다. 내적인 침착함과 집중력으로 현실을 객관적으로 조망할 수 있는 능력입니다. 자기 자신뿐 아니라 사물과 사람, 자기중심적이고 편협한 감정과 생각, 이해관계로부터 거리를 두고 주어진 상황과 다가올 미래를 통찰할 수 있어야 합니다. 즉 바라는 이상과 실제 현실 사이의 객관적인 균형 감각입니다. 정치적 이상과 목표가 아무리 크고 높다 한들, 그것을 가능케 하는 현실적인 수단과 환경적 제약을 제대로 고려하지 않고 무리하게 추진해서는 안 됩니다. 무책임한 일이죠. 실패가 예견된 일에 자원과 시간, 에너지를 쏟는 일은 무의미한 낭비일 뿐 아니라 엄청난 기회비용을 유발합니다. 그렇게 낭비된 자원과 시간, 에너지는 훨씬 더 생산적인 일에 유용하게 쓰일 수 있었을 것이기 때문입니다.

따라서 베버는 정치인의 객관성 결여와 무책임성을 가장 치명적인 죄악으로 보았습니다. 그는 이렇게 말했습니다.

> "선한 동기가 행위의 도덕성을 완성하지 않고 행위의 결과까지 이로워야 한다."

특히 정치인은 더 그렇습니다. 정치인은 결코 자기 신념만을 강조한 채 현실적으로 이롭지 않고, 가능하지도 않은 일을 도모해서는 안 됩니다. 즉 지도자는 결코 실패할 정책을 추진해서는 안 된다는 겁니다. 실패가 가져다줄 공동체에 대한 해악과 많은 사람이 입게 될 피해를 누구도 보상할 수 없기 때문입니다.

리더십 연구로 유명한 오스트리아 출신 미국의 경영학자 피터 드러커 역시 지도자의 자질로 균형감과 현실 구별 능력을 강조했습니다. 타협할 수 있는 것과 절대 타협할 수 없는 것을 구분해 판단하고 결정해야 합니다. 예를 들면 솔로몬의 지혜와 같은 겁니다. 빵은 양보하고 타협해서 둘로 나눌 수 있어도, 갓난 아이는 서로 자기 것이라 우길지라도 절대 나눌 수 있는 타협점이 없습니다. 빵은 나누어져도 본질은 그대로 빵이지만, 아이는 둘로 나뉘면 죽기 때문입니다.

# 유권자

국회의원을 국민의 대표라 부르는 것을 자주 보았을 겁니다. 정치인의 다른 말은 대표자, 대변자representative입니다. 국가대표 운동선수처럼 가장 뛰어나서 대표가 아니라 대신해서 '우리' 표준 이익을 나타내는 사람이라는 뜻에서 대표입니다. 정치인은 지지자와 뽑아 준 사람의 선호와 이해관계를 대신해서 표출하는 의무와 역할을 해야 합니다. 그래서 대표이자 대변자입니다.

선출직 정치인을 뽑는 권한을 가진 사람을 유권자voter 혹은 선거권자selectorate라 합니다. 정치 무대 가장 앞에서 주연처럼 누비고 활약하는 정치인이 있다면, 그들의 상대역이자 관객은 유권자입니다. 유권자는 투표권을 행사해 자기의 물질적, 정서적 선호와 이해관계를 대리해서 주장하고 최대화할 사람을 대표로 선출합니다.

오늘날 민주주의 사회에서는 특정 연령(우리나라는 만 18세) 이상의 해당 국가 국적을 가진 모든 시민에게 투표권을 부여합니다. 성별과 종교, 집안, 학력, 학벌, 혈통, 인종 등의 차별 없이 주어집니다. 차별 없이 적정 연령 이상의 모든 시민에게 투표권을 부여하는 것을 보통 선거권universal suffrage이라 부릅니다. 여기서 '보통'은 모든 일반인이 차별 없이 해당한다는 '보편'의 뜻입니다. 이러한 보편적인 선거권은 역사가 그리 길지 않습니다.

특히 여성의 선거권은 오랫동안 제한됐습니다. 세계 최초로 여성에게 제한 없는 투표권이 주어진 것은 1893년 9월 19일입니다. 근대 시민혁명을 주도했던 서구 유럽이나 미국이 아닌, 영국의 자치령이었던 뉴질랜드에서였습니다. 현대 민주주의의 가장 대표적인 국가라 할 수 있는 미국에서도 여성 투표권은 1920년 8월 18일에야 주어졌습니다. 제대로 시행되지는 않았지만, 미국에서 흑인 노예에게 투표권을 주었던 1870년보다도 50년이나 지나서 여성의 투표권을 인정한 것이죠. 프랑스에서는 1848년 2월 혁명으로 모든 성인 남성에게 투표권이 주어진 후 거의 100년 만인 1944년에서야 여성 투표권이 인정되었습니다. 전 세계 사람들이 살고 싶어 하는 국가 스위스에서는 1971년에서야 여성 선거권이 인정되었고요.

투표할 수 있는 권리인 선거권만으로는 온전한 참정권이 완성되지 않습니다. 선거권은 참정권의 기둥 두 개 중 하나일 뿐이죠. 다른 하나의 기둥은 선거에 후보로 나가 당선될 수 있는 권리인 피선거권electoral eligibility입니다. 여성이 최초로 실제 선거에 나가 당선된 건 1907년 핀란드입니다. 한꺼번에 19명의 여성 의원이 탄생했고, 이들은 세계 최초의 여성 의원이 되었습니다.

우리나라에서는 해방 후 1948년 5월 10일 치러진 제헌 국회의원 선거에서 남녀 동등하게 선거권과 피선거권이 주어졌습니다. 대한민국 최초의 민주적 선거였는데요, 이 제헌 국회의원 선거에서 대한민국 최초의 국회의원 198명이 선출됐지만, 안타깝게도 여성은 단 한 명도 없었습니다. 첫 여성 국회의원은 이듬해인 1949년 보궐선거에서 탄생했습니다. 경북 안동 을 선거구에서 당선된 전 상공부 장관 임영신이 그 주인공입니다. 임영신은 대한민국 최초의 여성장관이기도 합니다. 미국 남가주 대학Southern California University에서 공부한 임영신은 1945년 대한여자국민당을 창설하였고, 1948년 정부 수립과 함께 대한민국 초대 상공부 장관에 임명됐습니다. 당시 여성 장관이 임명된 것에 불만을 품은 남자 관료들이 "서서 오줌 누는 사람이 어떻게 앉아서 오줌 누는 사람에게 결재를 받느냐." 하고 비아냥거렸답니다. 이에 임영신 장관은 "앉아서 오줌 누는 사람 밑에서 일할 수 없다는 사람은 당장 사표를 써라. 나는 조국의 독립과 건국을 위해 남자 이상으로 활동해 왔다."라고 일갈한 것은 오늘날에도 회자되는 유명한 일화입니다.

예전 계급 사회에서는 유권자란 개념이 희박했고, 지극히 소수에게만 해당했습니다. 군림하고 착취하는 지배 계급이 있었고, 복종하고 착취당하는 피지배 계급이 있을 뿐입니다. 정치는 아무 계급에나 허락된 일이 아니었습니다. 직업으로서의 정치는 지배 계급에만 허락된 특권이었으므로 지배 계급 출신만이 정치인이 될 수 있었습니다. 또 공직에 진출해 어느 정도의 정치적 권한을 가지고 있어야만 안정적으로 지배 계급 신분을 유지할 수 있었습니다.

계급 사회에서 정치인은 무엇보다도 우선해 지배 계급의 이익과 선호를 대표했습니다. 정치인에게 유권자는 오직 같은 지배 계급에 속한 사람들이 유일했는데요. 지배 계급 사람들과 그들이 정한 선출 방식이 누가 정치 권력을 쥘 것인지를 결정하고, 자기 이익을 대변하게 했습니다. 이처럼 정치인이 될 수 있는 권리는 고사하고, 누군가를 자기 대표로 뽑을 수 있는 유권자로서의 권리도 완전히 제한되어 있었습니다.

오늘날에는 세계 대부분의 나라에서 최소한 법적으로는 보편적 참정권을 인정하고 있습니다. 진행 과정이 순탄치 않고 많은 부침이 있었으나, 근대 시민 혁명운동과 현대 수차례에 걸친 세계 민주화의 물결the waves of democracy이 결국 인류 역사의 큰 변혁을 이루어 냈기 때문입니다.

현재 우리는 투표할 수 있는 권리(선거권)와 선거에 나가 선택받을 수 있는 권리(피선거권)를 어쩌면 너무 당연하게 여기는지도 모르겠습니다. 한 인간으로서 마땅히 누려야 할 기본권 문제지만, 이 보편적 참정권을 이루려고 너무나 오랫동안 수많은 사상가의 고뇌와 사유, 투쟁가의 열정과 헌신, 셀 수 없이 많은 사람의 고통과 희생이 있었습니다. 오늘날 우리가 누리고 있는 자유와 권리는 결코 값없이 주어진 것이 아닙니다. 이것이 우리가 반드시 투표에 참여해야 할 이유입니다.

## 유권자와 정치인, 정치 과정 모형

정치인은 유권자인 시민을 대

표해서 적극적인 정치 활동을 합니다. 유권자는 자기 선호와 이익을 대표할 특정 후보를 지지하고 선거에서 표를 던집니다. 지지 후보를 당선시키려고 자발적이고 적극적으로 선거운동에 참여하기도 합니다. 후보들은 선출직 정치인이 되기 위해 시민의 눈과 귀가 되어 필요와 요구를 살피고, 시민의 입이 되어 의견과 목소리를 대변하겠다고 약속하며 지지를 호소합니다. 정치인이 선거에 승리하여 선출직에 오르고 나서도 이 과정은 계속됩니다. 한 번 당선으로 끝나는 것이 아니라 모든 선출직 정치인에게는 정해진 임기가 있고, 다음 선거에서 또다시 승리해야 권력을 유지하기 때문입니다.

정치인과 유권자의 상호 작용을 간단히 한마디로 정리하면 '이익의 표출과 대변'이라고 할 수 있습니다. '투입 산출 정치 과정' 그림 모형으로 이 과정을 보겠습니다.

이 모형에서 유권자에서 정치인으로 이르는 **투입의 화살표**가 정치인에서 정책 결정에 이르는 **산출의 화살표**로 이어집니다. 이 과정에서 만들어진 정책은 환류해서 유권자에 이르는 피드백 곡선 화살표로 이어지고요. 유권자와 정치인 사이에 역류 Reflux 곡선 화살표는 정치인이 유권자에게 미치는 영향을 표시합니다.

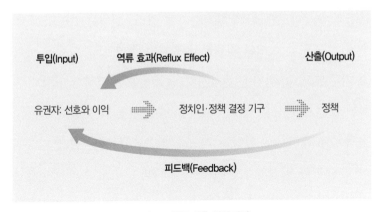

그림 1 ◆ 투입 산출 정치 과정

유권자의 선호와 이익이 (1) 투입이 되고, 정치인은 이를 (2) 수집, 종합해 정책 결정 기구를 통해 (3) 정책으로 산출합니다. 현실은 언제나 무언가 결여되어 있어 우리 모두를 완벽히 충족시킬수는 없습니다. 부족한 현실은 결핍과 불만족을 초래해 유권자는 정치적 요구를 제기하게 됩니다. 정치적 요구는 단순하고 획일적이지 않습니다. 사회를 구성하는 개인과 집단이, 다양하고 또 빠르게 변하는 상황이 날마다 새로운 욕망을 만들어 내기 때문입니다.

선호와 이익을 나타내는 요구가 정치인의 의사 결정을 통해 정책으로 반영됩니다. 이렇게 만들어진 정책이 유권자 본래의 바람과 요구에 얼마나 부합하는가에 따라 또 다른 요구들이 표출됩니다. 또한 실행된 정책은 유권자인 우리 삶에 영향을 미치고 기존 조건 및 환경을 변화시킵니다. 이러한 정책의 영향과 변화된 조건과 환경은 새로운 요구를 만듭니다. 위 모형으로 보면, 정책에서 유권자로 향하는 피드백 화살표가 이 과정을 나타냅니다. 이러한 일련의 작용이 연속해 나타나고, 정치의 전반적인 과정을 형성하죠.

투입 산출 정치 과정 모형에서 아직 설명하지 않은 부분이 하나 있습니다. 바로 정치인에서 유권자로 향하는 역류 효과[reflux effect] 곡선 화살표입니다. 이는 정치인이 유권자의 선호와 의견을 수집, 종합해 정책 결정 과정에 반영하는 것뿐 아니라, 역으로 유권자의 선호와 이익에 영향을 끼칠 가능성을 나타낸 겁니다.

여기서 잠깐 돌아가서 정치인은 유권자의 대표임을 다시 이야기해 보겠습니다. 선출직 정치인을 뜻하는 representative의 동사형은 represent입니다.

Represent = Re + Present

대표, 대변하다 = 다시 + 제시하다

'대표하다', '대변하다'라는 뜻의 represent는 '다시'를 뜻하는 re와 '제시하다'를 뜻하는 present의 복합어입니다. '대표하다'는 따라서 '다시 제시하다', '다시 말하다'라는 뜻입니다. 유권자인 우리는 우리 생각과 의견을 말하고 원하는 방향을 제시하고, 정치인은 이것들을 정책 결정 기구를 통해 다시 말하고 다시 제시하는 사람일 뿐입니다. 이렇게 산출된 정책은 우리 생각과 의견, 선호와 이해관계를 반영합니다.

그런데 정치인이 유권자의 선호와 이해관계에 영향을 끼친다는 게 과연 사실일까요? 또 바람직할까요? 첫째, 사실입니다. 정치인은 개별로 흩어져서 존재하는 개인과 그룹을 하나의 큰 틀과 네트워크로 묶는 허브hub 같은 역할을 합니다. 서로 생각이 다르고 개성이 다양한 사람과 집단을 하나의 더 큰 정치 공동체 세력으로 엮어야 합니다. 각 개인과 각 그룹 사이 큰 틀에서는 작지만 뚜렷이 존재하는 차이점을 극복하고 거대하지만 흐릿하게 보이는 공통점을 부각해야 합니다. 선명한 '다름'과 희미한 '같음'에도 불구하고, 탄탄한 실타래처럼 하나의 정치 세력으로 묶는 일은 정치인이 많은 사람과 다양한 그룹을 설득하고 확신시키지 않고서는 결코 일어날 수 없습니다. 따라서 정치인이 유권자에게 역으로 영향을 끼치는 역류 효과는 필수 불가결하게 일어나는 사실입니다.

그렇다면 정치인→유권자 역류 효과는 바람직할까요? 바람직할 수도 있고, 바람직하지 않을 수도 있습니다. 정치인이 어떤 마음을 품고 어떻게 역류 효과를 활용하는가에 따라 달려 있습니다. 정치인이 올바르게 역류 효과를 쓸 수 있도록 유권자가 항상 지켜보고 임의적 사용에 제약을 가해야 합니다. 대체로 정치인이 특정 정책 이슈와 전반적인 사회 문제에 일반 유권자보다 더 많은 정보와 전문 지식을 가지고 있습니다. 따라서 정치인은 앞장서서 중요한 정책 어젠다policy agenda를 제시하고 정책 지향점을 향해 대중을 이끌고 나갈 필요가 있습니다. 정치인 대부분이 사사로운 이익을 앞세우기보다는 나라를 사랑하는 마음(애국심, patriotism)으로 유권자와 공동체를 위한 이익을 위해 일한다면, 역류 임팩트가 바람직하게 작용할 수 있습니다.

이와는 반대로 정치인의 대중 호소 능력과 선전과 선동propaganda and agitation 수단을 백분 활용해 대중 인식과 선호를 왜곡하고 바꾸는 정치인도 존재합니다. 사적 이익과 야심을 위한 정책을 국가와 공동체를 위한 이익인 양 포장하며 해악을 끼치는 경우가 적지 않습니다. 이러한 정치인이 다수일 때 역류 임팩트는 정치 체계에 부정적인 작용을 하게 됩니다. 또 단 한 명의 강력하고 나쁜 정치인의 부정적 역류 임팩트로 사회 전체가 혼란에 휩싸이고 갖은 폐해에 고통받을 수 있습니다. 유권자인 우리가 항상 정치적으로 깨어 있어야 합니다.

또 강력하고 나쁜 정치인의 등장을 막는 상시 감시자watchdog 역할을 다해야 합니다. 히틀러와 무솔리니 같은 역사상 가장 악명 높은 정치 지도자가 민주적 절차로 치러진 대중 선거를 통해 정권을 잡았음을 잊지 말아야 합니다. 가장 최근 예로는 전 미국 대통령 도널드 트럼프가 있습니다. 그는 선거운동에서는 물론이고, 당선돼서 대통령직을 수행할 때에도 비민주적이고 불공정하며, 인종차별적인 발언과 행동을 수없이 일삼으며 미국 사회를 분열하고, 다양한 구성단위 간 반목과 혐오를 부추겼습니다. 전 세계에서 가장 발달한 민주주의 선도 국가라고 자부하는 초강대국 미국에서 도널드 트럼프와 같은 논란의 인물이 대통령으로 당선됐다는 사실이 놀랍습니다.

# 정치인의 두 부류

지금까지 정치인과 유권자의 관계 그리고 정치 과정 모형에 대해서 논의한 것을 바탕으로, 정치인을 두 부류로 나눌 수 있겠습니다. 하나는 존중과 인정의 의미를 담은 **정치가**이고, 다른 하나는 비판과 조롱의 의미를 담은 **정치꾼**입니다.

정치가로 분류되는 우선 조건으로 베버가 말한 지도자의 세 가지 자질, 즉 열정, 책임감, 통찰력을 두루 갖춘 정치인이어야 할 겁니다. 이 세 가지 자질의 바탕 위에 정치 과정 모형에서 묘사하는 정치인의 순기능적 역할을 다하는 사람이어야 합니다. 사익보다 항상 공익과 국가의 이익을 우선시하고, 시민의 의견과 요구를 적극적으로 수렴하고 왜곡 없이 대변하며, 꼭 필요한 역류 영향만을 절제 있게 사용하는 정치인이어야 합니다. 리더십 기본 자질과 정치인의 순기능적 역할은 서로 작용해 시너지를 일으킵니다. 리더십을 갖춘 사람은 정치 체계에서 자신에게 주어진 대표로서의 순기능적 역할을 다하려 노력할 겁니다. 공익을 대변하는 정치인의 순기능 역할에 최선을 다하는 사람은 열정과 책임감, 균형 감각을 더욱더 함양시킬 수 있을 것입니다.

정치꾼은 정치가의 정확히 반대 지점에 있는 사람입니다. 겉으로만 국가를 위한다, 유권자를 위한다 등으로 포장하지만, 권력과 권한을 남용하고, 공공 정책을 조작해 자기 정치적, 경제적 잇속을 챙기는 데 몰두합니다. 이러한 정치꾼은 정치 체계 과정에서 공공 이익의 대변자로서 순기능을 다하는 데 역류 효과를 사용하지 않습니다. 기회가 있을 때마다 자신과 소수의 핵심 지지 세력만을 위해 대중을 선동하고 기만하기를 주저하지 않습니다. 독일의 철학자 프리드리히 니체Friedrich Nietzsche, 1844~1900는 말했습니다.

"정치꾼은 인간을 오직 두 종류로 나눈다. 도구 아니면 적이다a politician divides mankind into two classes: tools and enemies ."

자신 이외에 다른 모든 사람은 정치적, 경제적 이익에 직접적 도움이 되거나 유용하게 소모될 수 있는 수단과 도구로만 존재해야 합니다. 그렇지 않은 사람은 모두 그의 정치적 야망과 경제적 이익에 방해가 되는 걸림돌이거나 반드시 싸워 이겨야 하는 경쟁자이자 사악한 적일 뿐입니다.

이런 정치꾼에게는 권력욕을 채우고자 하는 목적만 있을 뿐 철학이 없습니다. 무엇이 옳은 정치이고, 유권자를 위한 일인지에 대한 근본적인 물음이 없습니다. 그들은 목적을 이루기 위한 일이라면 수단과 방법을 가리지 않습니다. 반면에 정치가는 과정이 중요합니다. 상식과 원칙이 소중하기에 옳고 그름을 꼭 따져 묻습니다.

영국의 경제학자 콜린 클라크<sup>Collin Clark, 1905~1989</sup>의 말이 정치가와 정치꾼을 잘 대조해 줍니다.

"정치가는 다음 세대를 생각하고, 정치꾼은 다음 선거를 생각한다."

프랑스 대통령이었던 조르주 퐁피두<sup>Georges Pompidou, 1911~1974</sup>도 정치가와 정치꾼을 가르는 촌철살인의 정의를 내려 줍니다.

"정치가는 나라를 위해 자신을 바치고, 정치꾼은 자신을 위해 나라를 이용한다."

정치가는 현재 자신이 행하고 있는 정치가 미래 세대에 어떤 영향을 미칠지 장기적 관점에서 책임 있게 일을 수행합니다. 정치꾼은 계속해서 권력을 유지하고 확장해 나가는 데 매몰되어 있습니다. 다음 선거에 도움이 되냐 안 되냐의 단기적이고 이기적인 관점에서 자기 정치 활동의 초점을 맞춥니다.

여러분이 정치인이 되고 싶다면 반드시 훌륭한 정치가가 되길 바랍니다. 자기 이익을 먼저 생각하는 정치꾼이 되지 말기를 바랍니다. 이 책이 그런 점에서 도움이 되길 바라는 마음입니다.

선출직 정치인이 되는 데 성공한다면, 이를 명심하세요. 정치인이 되고 정치 활동을 하고 선출직에 당선되어 정치 경력이 쌓이면 자연스레 정치인으로서 행사할 수 있는 영향력과 법적 권한도 늘어납니다. 힘과 권한이 많은 자리에 올라갈수록 말하는 입보다 듣는 귀가 좋아야 합니다. 힘과 권한이 많은데 내키는 대로 말한다면 부당한 명령과 지시를 남발하게 됩니다. 그러면 결국 무책임한 정책으로 이어지고, 그 폐해는 고스란히 공동체에 전가될 것입니다. 듣기를 많이 할수록 공공의 필요와 요구를 제대로 파악하고 열린 귀로 전문가의 견해와 조언을 구할 것입니다. 결국에는 신중하고 책임 있게 정책을 결정할 수 있습니다.

# 3장

## 국가

# 국가란?

국가란 무엇일까요? 정치는 권력 관계가 형성되고 작용하는 모든 장소와 시간에서 일어납니다. 그래서 이 책 제일 처음에 "정치는 우리 삶의 모든 곳에 스며들어 있다."라고 했습니다. 하지만 정치를 정의할 때 좀 더 공식적인 '국가' 영역에 국한할 수 있습니다. 국가 수준에서의 정치는 현대 정치학에서 주로 다루는 연구 범위이기도 합니다.

국가 영역에 초점을 맞추어 정치 이야기를 할 때, 막스 베버가 내린 정치와 국가에 대한 정의가 아주 유용합니다. 먼저 베버는 정치를 정의할 때 '(가치의) 배분'이라는 핵심적 요소를 포함한 채 그 기준점을 국가 권력 단위로 설정했습니다.

정치란 '국가 사이에서나 한 국가 내 집단 간에 권력의 한몫을 쟁취하려는 분투와 노력 또는 권력 배분에 영향력을 미치려는 분투와 노력'이다.

국가 사이에서 힘의 배분을 놓고 벌이는 파워 게임은 국제 정치의 단위인데요, 이 부분은 국제 관계를 다루는 장에서 다시 설명하겠습니다.

국내 정치 영역으로 돌아와서, 위의 정의에서 권력은 국가 권력을 말합니다. 정치의 핵심 문제는 곧 국가 권력을 누가 얼마만큼이나 쥐고, 국가 권한을 어떻게 나누느냐입니다. 국가는 하나의 개별 정치체로서 독립된 권력의 최상위에 자리 잡고 있습니다. 베버에 따르면 이렇습니다.

국가는 '한 영토 내에서 물리적 폭력을 합법적으로 사용할 수 있는 권한을 독점한 인간 공동체'로 정의된다.

놀랍게도 국가를 정의 짓는 특징이 폭력의 사용입니다. 무시무시하죠? 그러나 현대 정치학에서 가장 폭넓게 받아들여지는 국가에 대한 정의입니다. 국가만이 물리력을 합법적으로 사용할 수 있습니다. 또 직접 사용이 아니더라도 다른 행위 주체에 합법적 물리력 사용을 승인할 수 있습니다. 자기 혹은 남을 보호하기 위해 불가피하게 가해한 정당방위가 합법적 폭력 승인에 대한 한 가지 예라 할 수 있습니다.

'합법적 폭력 사용 독점'과 '합법적 폭력 사용 허가의 독점', 바로 이 점이 국가를 다른 정치, 사회, 경제, 문화 집단과 구별하는 국가만이 가진 특징입니다.

많은 사람이 폭력은 절대 정당화할 수 없고 반드시 사라져야 한다고 주장합니다. 반대할 수 없는 말입니다. 그러나 지구상에 존재하는 누군가는 폭력을 사용하고, 누군가는 억울하게 희생당합니다. 폭력 행사는 개인에 의해서도, 조직된 집단에 의해서도 빈번하게 일어납니다. 그 예로 개인 폭행 범죄, 조직 폭력 범죄, 테러리즘 등을 들 수 있습니다. 조직된 폭력organized violence은 조직 폭력배와 테러 집단뿐만 아니라, 국가를 전복하고자 하는 세력과 반군 단체 등에 의해서도 일어납니다. 국가 내 분열된 세력끼리 벌이는 내전civil war은 온 나라를 쑥대밭으로 만들고 엄청난 재산 및 인명 피해를 불러옵니다. 조직된 폭력 중 가장 거대한 것은 한 국가가 다른 국가에 행하는 국제 전쟁interstate war입니다. 최상위 단위의 권력 결정체끼리 하는 싸움이라 전면전을 벌이면 동원할 수 있는 모든 자원과 인력을 다해서 서로에게 폭력을 가합니다.

이러한 모든 잠재적, 실질적 폭력으로부터 개인의 생명과 재산을 지키고 보호하는 것이 국가의 의무이자 역할입니다. 국가는 치안을 위한 경찰력, 범죄 사실을 확인하고 판단하는 사법 제도, 범죄자의 구금과 교도를 위한 교정 시설과 제도, 다른 나라의 침략을 막는 국방력 등을 완비해야 합니다. 치안, 사법과 교정 제도의 운용, 국방은 국가에 의한 물리력과 폭력의 잠재적 사용을 기본 전제로 합니다. 타인의 자유와 생명, 재산에 대한 권리를 침해하고 강제적이고 폭력적인 방법으로 빼앗으려는 사람은 어느 사회에나 항상 존재합니다. 또 다른 나라의 주권을 침해하고 영토를 침범하려는 국가도 있기 마련입니다. 국가가 국민의 생명과 재산을 지키고 주권과 영토를 수호하기 위해 잠재적 물리력과 폭력의 수단인 경찰력과 국방력을 동원할 수 없다면 범죄와 외부로부터 침략을 방지하고 막아내지 못할 겁니다.

이와 같이 국민의 생명과 재산을 지키기 위한 목적으로 국가만이 유일하게 합법적으로 폭력을 사용할 수 있습니다. 여기서 반드시 유념할 점이 있습니다. 국가만이 유일하게 합법적인 폭력 사용이 가능하다는 것은 국가가 사용하는 모든 폭력이 정당화될 수 있다는 말이 아닙니다. 쿠데타 세력이나 독재 정권이 자기 권력 유지를 위해 국민의 자유와 민주주의 요구를 총칼로 짓밟고, 저항하는 시민을 잡아 고문하고 살인하며 탄압하는 것은 결코 정당화될 수 없습니다. 1980년 5·18 광주 민주화 운동 당시, 전두환 신군부는 공수부대를 투입하고 탱크와 헬기를 동원해 시위를 진압하고 수많은 광주 시민을 조준 사격까지 가하며 살상하였습니다.

가장 최근의 예로는 2021년 2월 1일 발생한 미얀마 군사 쿠데타가 있습니다. 2020년 11월 미얀마 연방의회 의원 총선거에서 아웅 산 수 치가 이끄는 당시 집권 국민민주연맹이 476석 가운데 396석을 차지하고, 군부와 연계된 통합단결발전당은 33석을 차지하는 데 그치자 미얀마 군부는 선거 결과에 불복해 쿠데타를 일으켰습니다. 미얀마 군부는 의회와 정부를 해산시키고 곧바로 정부 권력을 완전히 장악했습니다. 이에 저항해 시민들이 쿠데타 반대 시위를 벌였고, 미얀마군과 경찰은 강경하게 무력으로 진압했습니다. 2021년 2월 1일 쿠데타 이후 당해 8월까지, 1천 명 이상의 시민이 미얀마군에 목숨을 잃은 것으로 해외 언론은 보도하고 있습니다.

국가 안보와 국민 생명을 지켜야 할 국가의 군대와 경찰이 자국민을 무력으로 탄압하고 살해하는 것은 본래의 존재 의미와 가치를 완전히 부정하는 행위입니다. 어떠한 상황에서도 결코 합법화될 수 없고, 용납할 수 없는 일입니다.

# 국가의 구성 요소

국가만이 가진 특징, '정당한 폭력 사용의 독점'을 통해서 국가가 무엇인지 알아보았습니다. 이번엔 국가를 이루는 데 기본적으로 필요한 구성 요소에 대해서 알아볼까요?

국가는 일정한 영토 안에 속한 공동체를 독립적으로 관할하고 경영하는 정부government를 가지고 있으며, 대외적으로 자주적 외교를 행하고 국제협약을 맺을 수 있는 능력을 갖습니다. 국가를 구성하는 대내적 필수 3요소로 영토territory, 국민people, 주권sovereignty이 있습니다. 이에 더해 대외적으로는 한 독립체로서 다른 국가와 자주적인 관계를 맺을 능력이 있어야 합니다.

## 🏴 영토

영토는 공간적으로 한정된 지면을 기초로, 바다와 하늘을 포함합니다. 영토로 포함된 바다를 영해territorial waters, 하늘을 영공territorial air, sovereign airspace이라고 합니다.

땅을 기반으로 한 지면 영토는 직관적이어서 누구나 쉽게 알 수 있습니다. 한 국가의 땅 영역은 다른 국가와 땅으로 접한 경계선까지로 한정합니다. 이를 국경이라 합니다. 국가와 국가 사이를 나누는 국경은 원칙적으로 함부로 넘나들 수 없습니다. 다른 나라에 입국하려면 해당 국가로부터 방문 허가 및 체류 허가를 받아야 하고요. 보통 국가는 외국인이 입국해 체류할 권리를 인정하는 문서인 비자visa를 발행하여 외국인의 입국과 체류, 취업 및 경제 활동 등을 관리합니다. 세계화가 가속화된 오늘날에는 폐쇄적 국경의 의미가 많이 퇴색되어 비자 발행 없이 특정 국적 여권을 소지한 외국인의 입국과 일정 기간 체류를 허용하는 국가가 많아졌죠? 우리나라 여권은 2023년 현재 비자 없이 192개국을 방문할 수 있습니다. 193개국 무비자 방문이 가능한 일본에 이어 우리나라와 똑같이 192개국을 방문할 수 있는 싱가포르와 함께 세계 2위의 여권 파워passport power 국가입니다.

한 나라의 영토에는 지면뿐만 아니라 지면에 인접해 있는 바다도 포함됩니다. 영해에서 바다의 뜻으로 쓰이는 water는 보통 그 수를 셀 수 없는 불가산 명사이지만, 여러 바다를 나타낼 때 는 복수형 어미 s를 붙여 waters라 합니다. 우리나라처럼 삼면 이 바다로 둘러싸여 있는 경우가 좋은 예입니다. 우리나라 영해 는 하나로 연결된 같은 바다지만, 서해, 남해, 동해와 같이 각기 다른 해역으로 구분합니다. 영해의 범위는 국제법상 해안선으 로부터 12해리까지로 규정되어 있습니다. 1해리는 1,852미터로, 12해리는 12×1,852= 22,224, 즉 22.224km입니다.

영해의 반대 개념은 공해international waters, open sea입니다. 종종 뉴 스에서 '공해상을 지나가던 선박'이라는 표현을 들었을 겁니다. 공해는 국제 공용의 바다로, 특정 국가나 개인에게 속하지 않고 누구에게나 열려open 있어 자유롭게 오갈 수 있는 바다 공간입니 다. 공해가 아닌 특정 국가에 속한 영해는 원칙적으로 다른 나 라 선박이 함부로 들어갈 수 없는 막힌 바다 공간입니다. 그래서 영해를 국제법 용어로 라틴어인 'Mare clausum'이라 합니다. 영 어로는 closed sea, 막힌 바다입니다. 하지만 실제로는 국제법상 관례로 모든 국적의 선박이 거의 모든 지역의 영해를 자유롭게 항해합니다. 이러한 국제법상 관례를 무해통항권innocent passage이 라고 합니다. 즉 아무런 피해 행위가 없다면, 다른 나라의 선박이 항해상의 필요로 자국 영해를 통과하도록 하는 것입니다. 어업 행위나 오염 물질 배출, 군사적 의심 행위 등을 하지 않는 한 자유로운 항해를 보장합니다. 잠수함도 무해통항을 할 수 있는데, 반드시 바다 표면 위로 나와 국기를 달고 지나가야 합니다.

영공은 한 국가가 영유하고 있는 영토와 영해 위의 삼차원적 하늘 공간입니다. 아무것도 없이 뻥 뚫린 공간이지만, 땅과 바다 위 하늘도 주인이 있어 아무나 함부로 침해할 수 없는 겁니다. 영공의 옆 범위는 바다와 같이 해안선으로부터 12해리 떨어진 지점까지입니다. 하늘 위 수직 범위는 고도에 따른 제한이 따로 정해져 있지 않습니다. 어디까지 높이가 영공에 해당하는지에 대한 국제적 합의가 없으나, 우주 공간은 전 세계 공용으로 자유롭게 이용할 수 있는 공간입니다. 하지만 영해와는 달리 영공은 타 국적의 항공기가 자유로이 지나다닐 수 없습니다. 즉 국제법 관례로 무해통항이 인정되지 않습니다. 따라서 조약이나 협정 등을 통해 허가를 받은 후에야 영공을 통과할 수 있습니다.

세계 대부분의 나라가 서로 협정을 맺어 영공을 개방하고 있습니다. 가장 예외적인 나라는 북한입니다. 북한이 영공을 전면 폐쇄한 것은 아니지만, 다른 나라에 비해서 비싼 영공 이용료를 받고 있습니다. 또 미국 같은 나라가 북한에 대한 제재 조치 중

하나로 자국 민간 항공기의 북한 영공 이용을 금지하거나 제한하는 때도 있습니다. 남한은 1997년 북한과 항공 협정을 체결한 후 1998년 4월부터 상호 영공을 개방했습니다. 비록 영해 위 하늘길에 국한되었지만, 민항기의 북한 영공 사용이 이루어져 왔습니다. 하지만 2010년 천안함 폭침 사건 등으로 남북 관계가 악화했고, 이명박 정부가 5·24 대북조치를 하면서 북한 영공 통과를 금지했습니다. 그때부터 지금까지 국내 국제선 민항기는 중국, 러시아, 일본 등의 우회 항로를 이용하고 있습니다. 우회로 인한 시간적, 물질적 추가 비용이 편당 1,660~2,700만 원 발생해 해마다 국적 항공사들은 수백억 원이 넘는 손실을 감내하고 있다고 합니다. 냉전 시대에는 한국과 일본 국적기가 소련 영공을 통과할 수 없었고, 미국의 앵커리지 국제공항 등을 경유해서 유럽을 오가는 불편과 비용을 치러야 했습니다. 영공 이용 제한 문제는 국가 간 상호 이해를 바탕으로 한 협정이 얼마나 중요한지를 보여 주는 예라고 할 수 있습니다.

📚 국민

국민은 일차적으로 국가를 구

성하는 개개인의 사람을 말합니다. 이차적으로는 개개 국민의 합인 국민 전체를 의미합니다. 국민은 속한 국가의 국적을 가지며, 국가 통치권에 복종할 의무가 있습니다. 그런데 여기에 이상한 점이 있습니다. 바로 국가의 주권은 국민에게 있기 때문입니다. 국가의 주인인 국민이 왜 동시에 국가의 통치 대상이 될까요? 이것은 국민 자신이 안녕과 복리 향상을 위해 국가에 통치권을 위임했기 때문입니다. 대신에 국가는 국민의 생명과 재산을 보호하고 복지를 향상해야 하는 의무를 지니죠. 따라서 국가는 절대 국민에게 위임받은 통치권으로 국민을 억압하고 압제해서는 안 됩니다.

국민은 법적 개념으로, '집단을 이룬 사람'을 뜻하는 사회적 개념인 인민과 구별됩니다. 국민은 최고 권력 결정체인 국가에 속해 권리와 의무를 지닌 구성원으로서, 국가 통치의 대상이 되므로 종속적인 의미가 있어요. 하지만 인민은 그 자체로는 어떠한 정치 권력체로부터 독립된 주체를 뜻합니다. 비슷한 말로 대중이란 개념이 있습니다. 대중은 사회 대부분을 차지하는 사람과 집단을 뜻하며, 평민과 민중이란 말을 포괄합니다. 평민은 주로 계급 사회에서 귀족이나 천민이 아닌 사회를 구성하는 대부분의 피지배 그룹에 속한 사람을 뜻하고, 민중은 현대 사회에서는 소수 엘리트 그룹에 속하지 않은 평범한 대부분의 일반인을 뜻합니다. 또 법적 개념이라는 측면에서 국민은 민족과도 엄연히 다른 말입니다. 자연 발생적 대규모 집단으로 공통의 역사적 기억, 문화, 정서적 동질감을 공유합니다.

국민은 위에 언급한 개념들과 다르게 '누가 어느 나라에 속한 국민인지'가 명확히 공식적으로 구분되죠. 한 나라의 국민임을 법적으로 인정하고 표시하는 게 국적입니다. 국적은 선천적으로 주어지지만, 크게 두 가지 다른 원칙으로 나누어집니다. 낳아준 부모의 국적에 따라 부여하는 혈통주의 혹은 속인주의가 있고, 태어난 곳의 영토를 기준으로 하는 출생지주의 혹은 속지주의가 있습니다. 한국과 미국이 좋은 대비를 이루죠? 한국은 속인주의 원칙을 기본으로 국적을 정합니다. 한국 국적 취득 요건은 부모 중 한 사람이 대한민국 국적자이면 됩니다. 여기에 부모가 분명하지 않거나 부모가 국적이 없는 경우에는 속지주의 원칙을 적용해 한국 국적을 부여하고요. 미국은 속지주의 원칙이 기본입니다. 미국 영토뿐 아니라 영역(미국 국적 항공기, 선박 포함) 내에서 태어난 모든 사람을 미국 시민으로 규정합니다. 미국은 여기에 속지주의도 가미하여 부모 중 한 명이 미국 국적을 가지고 있으면 해외에서 출생한 자녀에게도 시민권을 부여합니다.

국적 취득과 관련하여 재밌는 가상의 예 하나를 생각해 볼까요? 한국인 부모가 미국 국적 항공기를 타고 가던 중 캐나다(미국과 같은 속지주의) 영공에서 출산했을 때 태어난 아이는 어느 나라의 국적을 갖게 될까요? 결론적으로 이 아이는 세 개의 국적을 동시에 취득할 수 있습니다. 한국인 부모에게서 태어났기 때문에 한국 국적, 미국 영역 내에서 태어났기 때문에 미국 국적, 캐나다 영토 내에서 태어났기 때문에 캐나다 국적, 이렇게 동시에 국적 취득이 가능합니다.

## 📎 주권

땅이 있고 그 지역 내에 같은 정체성을 이루고 사는 사람이 있다 할지라도, 땅과 그 땅에 사는 사람 그리고 그 땅에 사는 사람이 하는 일에 대한 주체성과 독립성이 없이 외부의 간섭과 용인을 받아야 한다면 국가라 할 수 없습니다. 주권은 국가의 대내적, 대외적 최고 독립성을 상징합니다.

대내적으로 주권은 국가 의사를 결정하는 최고 권력으로, 국가의 최상위 법규인 헌법을 제정하는 주체입니다. 현실적인 국가 권력 그 자체이며, 통치권의 주체인 거죠. 통치권은 보통 여러 통치 기관에 나누어 위임됩니다. 하지만 통치권의 주체인 주권은 절대로 나뉠 수 없습니다. 이것을 통치권의 가분성divisibility, 주권의 불가분성indivisibility이라 합니다.

대외적으로 주권은 자주적 독립성을 가진 권력을 의미합니다. 대외적 주권은 외교 주권의 행사로 나타나는데, 다른 국가와 대등하게 상호 관계를 수립할 수 있는 권리를 뜻합니다. 부탄의 경우가 재미있습니다. 부탄은 인구 약 76만여 명의 작고 가난한 나라이지만, UN에 가입되어 있고 국제 사회에서 하나의 국가로 인정받습니다. 그러나 외교권을 인도에 위임해 완전한 주권 국가로서 자격을 갖추고 있지는 못합니다. 어느 나라이건 인도와 수교 관계를 맺은 국가들은 부탄과 자동으로 간접적인 외교 관계를 갖게 되는 거죠.

우리나라는 1905년 을사늑약으로 일본에 강제로 외교권을 위임했습니다. 즉 외교권을 강탈당한 겁니다. 이때부터 조선은 제대로 된 주권 국가로서 구실하지 못하게 됐습니다. 1910년 8월 22일 한일 병합 조약이 조인되고, 조약이 발효된 8월 29일부터 1945년 8월 15일 해방을 맞기까지 36여 년 동안 나라를 일제의 손아귀에 완전히 빼앗겼습니다.

요약하면, 주권은 국가의 최고 권력 자체이자 통치권의 주체이며, 다른 나라와 독립적인 외교 관계를 맺을 수 있는 자격의 원동력입니다. 또 국가 공동체의 대내적, 대외적 의사를 스스로 결정하는 최종적 지위와 권위입니다.

그러면 국가의 주권은 누구에게 속할까요? 우리나라 헌법 제1조는 대한민국은 민주공화국이며 주권은 국민에게 있다고 규정하고 있습니다. 주권의 원천이 국민이라고 정의하는 원리를 국민 주권popular sovereignty이라 합니다. 현대 국가 대부분은 이 국민 주권을 채택하고 있습니다.

대비되는 원리는 군주 주권입니다. 군주 주권 원리에서는 주권이 왕 같은 최고 권력자 1인의 최고 통치권을 의미합니다. 오늘날에도 군주 국가들이 꽤 많이 존재합니다. 하지만 군주 국가라고 해서 반드시 주권이 군주에게 있다고 할 수는 없습니다. 민주적 헌법을 수립한 입헌군주제consitutional monarchy 국가는 헌법 체계 아래서 세습되거나 선임되는 군주를 인정하지만, 군주의 정치적 권력을 헌법으로 엄격히 제한하고 있습니다. 현대 대부분의 입헌군주제 국가는 민주제를 혼합한 정치 체제를 운영하고 있고, 국민 주권을 내세우고 있기도 합니다. 가까운 일본이 대표적이죠. 일본은 자기들의 왕을 '하늘의 황제, 하늘의 신 옥황상

제'란 뜻을 가진 천황이라 높이며 군주제를 계속 유지하고 있지만, 일본 헌법 제1조는 주권이 일본 국민에게 있음을 명확히 하고 있습니다.

> 천황은 일본국의 상징이며 일본 국민 통합의 상징으로서 그 지위는 주권을 가진 일본 국민의 총의로부터 나온다.
>
> _ 일본국 헌법 제1조

우리나라에서는 일본 군주를 부를 때 천황과 일왕을 혼용하고 있습니다. 한국 정부는 김대중 정부 이래 "일본 내에서 일반적으로 사용하는 명칭을 존중해서 그대로 '천황'이라 호칭하는 것이 바람직하다."라는 공식 입장을 유지해 오고 있습니다. 외교적 차원에서 상대국의 정신문화 전통을 존중한다는 취지는 이해할 만하죠. 하지만 남의 나라 왕을 지극히 높은 존칭인 '천황'이라 호칭하는 것이 바람직하지 않다고 생각합니다. 더욱이 소위 '천황제'라는 깃발 아래 일본이 저지른 수많은 만행과 우리와의 역사적 관계를 고려한다면, 일본의 왕을 우리까지 '천황'이라는 지극히 높은 존칭으로 표현한다는 것은 받아들이기 힘듭니다.

# 국가와 비슷한 개념

국가와 자주 혼동하는 개념이 여러 가지 있습니다. 이러한 개념과의 차이점을 비교해 보면 국가에 대한 개념과 정의가 더욱 명확해질 겁니다.

국가는 영어로 스테이트state라고 합니다. 스테이트는 국가의 필수 3요소를 다 갖춘, 국제적이고 학문적으로 공인된 정식 국가 공동체에만 적용해 씁니다.

스테이트와 혼용해서 가장 많이 쓰는 개념이 네이션nation과 컨트리country입니다. 일상 언어에서는 이 단어를 국가와 혼용해서 쓴다고 해도 크게 문제 될 것이 없습니다. 두 단어 모두 사전에서도 국가라는 뜻을 지칭하기 때문입니다. 하지만 학문적으로는 맥락에 따라 스테이트를 네이션과 컨트리로부터 확실히 구분해야 합니다.

## 🖋 네이션

네이션nation은 일상 언어에서 '국가'라는 뜻으로 많이 쓰지만, 스테이트와 구분해서 쓸 때는 '국민'과 '민족'이란 뜻입니다. 민족의 가장 기본적인 정의는 하나의 정체성identify을 가진 아주 큰 규모의 사람 공동체입니다. 영어로 '사람들'을 뜻하는 피플people이란 단어가 국민으로도, 민족으로도 쓰이는 게 바로 이 이유 때문이죠. 피플이 국민, 민족이라 쓰일 때는 그 앞에 부정관사 a를 붙입니다. 단수로 쓰이면 'a people', 하나의 국민, 민족을 뜻합니다. 복수형 어미 s를 붙여 'peoples'라고 하면 '여러 국가의 국민' 혹은 '여러 민족'이라는 뜻으로 씁니다.

우리 민족을 가리켜 한민족韓民族, Korean People이라 부릅니다. 세계에 몇 안 되는 단일 민족이라 자랑스럽게 얘기하고요. 한韓의 어원은 '크다', '하나'라는 뜻이니, 한민족은 '하나의 정체성을 공유하는 많은 사람'이란 의미입니다. 즉 한민족은 말 그대로 '하나의 큰 민족'입니다. 한민족 수는 남북한 합쳐 7,800만 명 정도이고, 전 세계 흩어져 있는 한민족 혈통을 합치면 약 8,500만 명 정도로 추산합니다. 이 많은 사람이 서로 다른 국적을 가지고 다른 나라에서 살아가지만, '한민족'이라는 하나의 정체성을 이루고 있습니다. 따라서 국가state와 민족nation은 비슷한 개념으로 자주 혼용해서 쓰지만, 학문적으로 엄밀히 구분해서 쓸 때는 서로 일치하지 않는 분리된 개념입니다. 민족은 국가보다 큰 경우가 있을 수 있지만, 국가와 같이 강력한 권력을 의미하지 않습니다. 국민, 민족을 뜻하는 네이션은 구성원 중심 개념이고, 국가를 뜻하는 스테이트는 통치 기구 중심 개념입니다.

하나의 민족이 여러 국가를 형성하고 있기도 합니다. 예를 들면 게르만족의 대표적 분파인 독일 민족은 독일과 오스트리아, 두 개의 큰 독립된 국가를 이루고 있습니다. 독일인과 오스트리아인은 서로 다른 국가의 시민이지만, 독일 민족이라는 하나의 큰 민족 정체성을 공유하고 있습니다. 이 외에도 독일 민족은 스위스, 룩셈부르크, 벨기에 같은 나라의 인구 상당 부분을 차지하고 있습니다.

한민족도 국제적으로 공인된 두 개의 다른 국가를 가지고 있습니다. 대한민국 헌법은 북한을 개별 국가로 인정하지 않습니다. 헌법 제3조에서 "대한민국의 영토는 한반도와 그 부속도서로 한다."라고 규정하고 있으므로, 대한민국 영토는 북한을 포함하며 북한 주민도 모두 대한민국 국민에 포함됩니다. 하지만 남한과 북한이 각각 독립된 회원국으로서 유엔에 가입했고, 국제 사회에서도 독립된 개별 국가로 인식됩니다.

오랜 기간 상당히 큰 규모의 민족을 이루고 있으나 독립된 국가를 갖지 못한 민족도 있습니다. 유대 민족은 고대 로마 제국에 나라를 빼앗긴 후 2천 년 가까이 나라 없이 세계 각지로 흩어져 살았습니다. 제2차 세계 대전이 끝난 후 1948년 5월 14일에 드디어 독립된 국가를 팔레스타인 지역에 다시 세웠는데요, 2천 년 동안 흩어져 살면서도 민족 정체성을 유지했다는 것이 역사적으로 놀라운 일입니다.

현재 국가 없는 민족 중에 가장 큰 민족은 쿠르드족입니다. 쿠르드족의 전체 규모는 약 3,300만 명 정도로, 튀르키예, 이란, 이라크, 시리아 등에 분산해 거주합니다. 그렇다고 쿠르드족의 거주 지역이 서로 연결 없이 뿔뿔이 흩어진 것은 아닙니다. 오히려 중동 지역에 하나의 커다란 영토를 이룬 것처럼 왼쪽 위에서 오른쪽 아래로 45도 각도로 기울어진 긴 덩어리 형태입니다. 이 거대한 땅덩어리가 여러 나라의 국경으로 나누어져 있는 것

그림 2 ◆ **쿠르디스탄을 나눈 국경들**

입니다. 쿠르드족이 사는 이 지역을 통칭하여 '쿠르디스탄'이라

부릅니다. 하지만 이 지역을 영토로 각각 관할하고 있는 튀르키

예, 이란, 이라크, 시리아 등은 '쿠르디스탄'이란 지명을 인정하

지 않습니다. 제2차 세계 대전 이후 쿠르드족은 계속해서 독립

을 요구하고 있지만, 이 국가들은 이를 묵살하고 탄압했을 뿐 아

니라 쿠르드족에 대한 집단 학살까지 자행했습니다.

　미국은 세계 각지에서 이민 온 개별 민족이 하나의 큰 국가

를 이루고 있는 형태입니다. 영국계, 독일계, 아일랜드계, 프랑

스계 등 백인이 전체 인구의 다수를 차지합니다. 여기에 아프리카계 흑인, 히스패닉/라티노(스페인어를 말하거나 남미 출신인 사람), 아시아계, 아랍계 다양한 민족과 인종이 섞여 살고 있습니다. 각각 다른 지역, 언어, 문화적 배경과 전통을 가지고 있지만, 이들은 모두 '미국인'이라는 정치 공동체적 정체성을 공유하고 있으며, 세계 최강국의 시민이라는 자긍심을 지닙니다. 이런 의미에서 '미국인'을 하나의 새로운 민족 형태로 간주할 수도 있습니다. 꼭 서로 통일된 역사적, 혈통적 뿌리를 공유하고 있지는 않지만, 강렬하게 각인된 하나의 정체성을 가지고 있는 공동체라는 면에서 민족의 정의에 부합될 수 있습니다.

민족 국가 혹은 국민 국가로 번역되는 네이션 스테이트nation state라는 개념이 이를 잘 반영합니다. 네이션과 스테이트의 합성어로, 민족nation과 국가state가 일치함을 강조하는 개념입니다. 비록 서로 혈통과 인종이 다를지라도 하나의 국가 공동체 아래 있다면, 국가 공동체의 이해관계를 공유하기 때문에 반드시 협력하고 상생하며 살아야 합니다. 즉 국가 공동체로서 '한 팀one team'을 이뤄야 합니다. 오늘날 많은 다민족 국가가 애국심을 고취하고 단결된 국가적 역량을 강화하기 위해서 국민 국가nation state 개념을 강조합니다. 학문적으로도 국민 국가는 자기 주권이 미치는 영토 내 모든 국민을 하나의 정체성으로 통합하는 현대 국가를 지칭합니다.

현재 한국에도 많은 외국인과 다문화 인구가 살고 있습니다. 2020년 기준, 한국 인구의 3.3%에 해당하는 약 173만 명에 이르는 외국인이 살고 있습니다. 혼인, 출생, 귀화 등으로 한국 국적을 가진 다문화 인구는 약 109만 3천여 명에 달해 전체 한국 국적 인구의 2%를 넘어섰고요. 전통적으로 하나의 혈통을 강조해 온 한국 사회에 혈통, 역사, 문화의 연원이 다른 다양한 민족이 들어와 같이 살고 있다는 것은 굉장히 익숙하지 않은 새로운 일입니다. 4차 산업 혁명 시대에 빠르게 진행되고 있는 한국의 경제 산업 구조와 인구 사회 구조의 변화를 감안하면, 앞으로 새로운 유입과 출생 등으로 다문화 인구 비율 증가가 더욱 가속화될 전망입니다. 정부 통계에 따르면, 2020년 한 해 동안 한국에서 태어난 아기 100명 중 6명은 다문화 가정에서 태어났다는데, 이는 역대 최고치라고 합니다. 또 정부 통계청은 2040년에 이르면 외국인과 다문화 인구가 전체 한국 인구의 약 7% 정도에 도달할 것으로 전망했습니다.

우리나라도 '한국인'이라는 정체성을 확대해 사회 통합을 더욱 공고히 할 필요가 있습니다. 현재는 21세기 4차 산업 혁명이

한창 진행되고 있는 시대죠? 국가 간의 장벽과 경계가 허물어져가고 하나의 네트워크로 촘촘히 연결된 '지구마을global village' 시대입니다. 지난 반세기 이상의 지속적인 발전 덕분에 대한민국은 20세기 후진국에서 정치, 경제, 사회, 문화가 고도로 발달한 21세기 선진 문명국가가 됐습니다. 대한민국이 지속해서 발전하려면 우리 사회 안에 있는 문화적 다양성을 포용하고 통합할 수 있어야 합니다. 문화적 다양성을 존중하고 다문화 수용성을 계속해서 개선하고 진정한 의미의 사회 통합을 이루어, 대한민국이 세계의 평화와 번영을 선도하는 21세기 국민 국가nation state의 새 모델이 되기를 희망합니다.

## 컨트리

컨트리country는 네이션nation 못지않게 국가를 의미할 때 가장 흔하게 쓰이는 단어입니다. 그렇지만 이 말을 한국어로 번역한다면 국가보다는 순우리말인 '나라'가 더 어울리죠. 컨트리나 나라는 국가라는 말보다는 더 일상적이고 더 정서적인 어감입니다. 아득하고, 그립고, 나고 자란 고향 같은, 어머니의 따뜻함이 느껴지는 단어이고요.

컨트리는 실제로 고향, 시골, 특정 색채를 가진 지역 혹은 땅이란 뜻으로 자주 씁니다. 시적 어감의 나라는 특정 개인이나 집단이 아끼고 꿈꾸는 세상이나 땅을 나타낼 때 자주 쓰고요. 또 특정 사물의 세상이나 세계를 이르는 말로도 자주 사용합니다. 예를 들면 '따뜻한 남쪽 나라', '하늘나라', '동화 나라'와 같이요.

컨트리와 나라는 국가보다 정서적이고 시적이라 개인이나 집단의 애착 같은 것이 느껴지는 단어입니다. '우리 국가'라는 표현을 잘 쓰지 않죠? 영어에서도 마찬가지로 'our state'라고 잘 쓰지 않습니다. 대신에 '우리 나라'와 'our country'라 표현합니다. 하지만 민족과 네이션과 다르게 나라와 컨트리는 비교적 혼동 없이 국가state를 대신해 쓸 수 있습니다. 이는 학문적으로도 가능합니다. 실제 이 책에서도 '국가'와 '나라'를 종종 섞어 썼습니다. 이 책을 읽는 여러분과 정서적 공감이 필요한 때는 '나라'로, 좀 더 객관적인 시각을 나타내야 할 때는 '국가'로 표현했습니다.

정리하면, '국가'는 법적, 공식적, 객관적 언어이고, '나라'는 정서적, 비공식적이며 주관적인 언어입니다. 때에 따라 맥락에 맞게 쓰면 무방하겠습니다. 하지만 '민족'과 '네이션'은 되도록 '국가'와 구별하여 쓰도록 합시다.

4장

# 정부

# 정부의 뜻

　영토와 국민, 주권으로 이루어진 국가는 운영을 위해 정부를 두고 있습니다. 정부가 없는 국가는 사실상 존재하지 않습니다. 오히려 국가 없이 정부만 있을 수도 있답니다. 나라의 주권을 빼앗겨 타국에 망명 정부를 세우는 경우가 있습니다. 일본 식민지 시대에 상하이에 세웠던 대한민국 임시정부도 그 예라 할 수 있습니다. 임시정부는 1919년 3·1 독립선언서 및 3·1 운동 정신에 기초해 1919년 4월 11일 중국 상하이에 수립했고, 1948년 8월 15일 대한민국 정부 수립과 함께 해산했습니다.

　정부는 국가 구성의 3요소, 영토, 국민, 주권에 이어 국가 구성의 네 번째 요소로 여겨지기도 합니다. 하지만 국가 없이 영토만 있거나, 국민이나 주권만 있는 경우는 없습니다. 따라서 정부는 국가 필수 구성 요소라기보다는 국가를 통치하고 운영하는 수단으로 보는 것이 더 타당합니다. 즉 국가로부터 권력을 위임받은 통치 기관이자 운영 기관인 거죠.

넓은 의미로 정부는 행정부, 입법부, 사법부 등 모든 국가 기관을 포괄하는 국가 통치 기구 전체를 의미합니다. 이러한 의미로 쓰이는 정부는 영어로 '거버먼트government'입니다. 일상적 편의상, 정부의 집행부인 행정부만을 뜻하는 좁은 의미의 정부로도 많이 사용합니다. 좁은 의미의 정부는 영어로 '이그제큐티브executive'입니다. 맥락에 따라 편하게 써도 무방하겠지만, 명확한 구분이 필요할 때에는 '정부'와 '행정부'를 엄격히 구별하여 써야 합니다.

# 삼권 분립

정부는 주권자인 국민으로부터 권력을 위임받아 국가를 통치하며, 정부는 실질적인 최고 권력의 소유자이자 행사자입니다. 누구든 정부를 장악하면, 마음만 먹으면 못할 게 없는 무소불위의 권력자가 됩니다. 개인이든 집단이든 정부 기관이든 어느 한곳에 권력이 집중되면, 권력은 부패하기 마련입니다. 독재와 억압을 통해 사회 전체를 불행하게 만들 겁니다. 따라서 정부를 주요 기능에 따라 나누고 권력을 분산해 서로 견제하게 하고, 정부 권력이 균형 있게 운용되게 하는 것이 중요합니다.

이러한 취지에서 나온 게 현대 정부의 권력 분립separation of power 원칙입니다. 현대 많은 국가는 정부를 행정부, 입법부, 사법부

등 세 부로 나누고, 기능과 권력을 분산했습니다. 정부를 구성하는 주요 3요소로, 이 세 기관은 원칙상 서로 독립되고 동등합니다. 서로를 감시하며 견제해 어느 한쪽에 권력이 집중되거나 남용되는 것을 막습니다. 이러한 권력 분립 순기능의 원칙을 '힘의 견제와 균형checks and balances of power'이라 부릅니다.

## 행정부

행정부는 국가 행정을 맡아보는 기관입니다. 즉 국가 행정 사무의 담당 기관으로 나라의 법에 따라 국가의 살림을 도맡아 하고 또 만들어진 법을 집행하는 일을 담당합니다. 사회 질서와 안전을 지키는 교통, 소방, 국방, 경찰 등의 일이 행정에 속합니다. 도로, 항만, 공항, 도서관, 박물관, 수도와 같은 공공시설을 만들고 운영하는 일도 마찬가지고요. 노인, 장애인, 임산부, 빈곤층, 실업자 등 사회적 약자를 돕고 보호하는 일도 행정부 소관입니다. 행정부는 나라 살림 계획인 정책을 세우고 실천하는 일도 합니다. 국가의 현재와 미래를 위해 교육, 과학 기술, 복지, 경제 등에 관한 정책과 계획을 세우고 실천합니다.

우리나라 행정부의 우두머리는 대통령이죠. 행정부 수반으로서 대통령은 국무총리, 국무위원, 각부 장관, 공무원의 임면권을 가지며, 정부 행정 각부를 통합해서 다스리는 통할권을 갖습니다. 또 대통령은 위임명령 및 집행명령 제정권, 긴급재정·경제 처분 및 명령권, 국군 통수권, 계엄 선포권 등을 갖습니다. 우리나라 대통령은 국민의 직접 투표로 선출되며 임기는 5년 단임입니다. 국민에 의해 선출된 대통령은 임기 5년 동안 대통령직을 수행하되 다음 대통령 선거에 출마할 수 없고, 이후에도 다시는 대통령이 될 수 없습니다.

## 📖 입법부

입법부는 나라의 법을 만들고 수정하거나 폐기하는 정부 기관입니다. 입법부의 주요 기능은 법을 만드는 것입니다. 따라서 일반적으로 '의회'가 곧 입법부이며, 우리나라 의회는 국회라 부릅니다. 국회의원을 영어 표현으로 '법을 만드는 사람<sup>law maker</sup>'이라 부르기도 합니다. 국회는 입법 기관일 뿐 아니라 국민대표 기관이자, 국정 통제 기관, 국가 최고 기관으로서의 지위를 갖습니다. 국회는 국민 의사를 반영해 법률을 제정하고, 국정에 관여하고, 정부를 견제하고 감시하는 기능을 수행합니다. 주권자인 국민을 대표하기 때문에 국회는 국가 최고 기관이 되는 것이며, 국회의원은 국민의 대표가 되는 것입니다.

우리나라 국회의 주요 기능이자 권한을 간략히 설명하면 다음과 같습니다.

- **법률 제·개정권 법률** 새로 제정하거나 기존 법률을 고칠 수 있습니다.

- **헌법 개정안 제출** 헌법 개정안을 제출하고 재적 국회의원 3분의 2의 찬성을 얻어 의결하여 국민투표에 붙일 수 있습니다.

- **조약 체결·비준에 대한 동의권** 외국과 맺은 조약에 대해 대통령이 최종적으로 확인하는 비준 절차를 거칩니다. 이렇게 비준된 조약은 반드시 국회의 동의를 얻어야 법적 효력을 갖습니다.

- **예산 심의 확정권** 행정부에서 해마다 이듬해 국가 예산을 수립합니다. 국회는 예산을 편성할 수 있는 권리를 가지고 있지 않지만, 정부가 편성한 예산은 반드시 국회의 심의와 의결을 거쳐야 합니다.

- **결산심사권** 예산의 집행 결과를 결산이라 합니다. 국회의 의결을 거친 국가 예산이 얼마나 계획대로 잘 집행되었는지 그 결과를 심사합니다.

- **일반 국정에 관한 권한** 국회는 일반적인 국정에 관하여 정부를 감시, 비판, 견제하는 권한을 갖습니다. 이를 대정부 견제권 또는 국정 통제에 관한 권한이라고 합니다. 그 범위는 매우 광범위한데요. 주요 구체적 권한은 국무총리 임명동의권, 국무총리·국무위원 국회 출석요구권 및 질문권, 국정감사 및 국정 조사권, 대통령·국무위원·행정각부의 장·기타 법률이 정한 공무원에 대한 탄핵을 발의해 헌법재판소에 파면을 구할 수 있는 탄핵소추권 등이 있습니다.

우리나라 국회를 구성하는 국회의원 수는 총 300명입니다. 국회의원에게는 국정 수행을 도와주는 보좌진이 있습니다. 이들의 임금은 나라 세금으로 전액 지원되는데, 각 국회의원당 보좌진의 수는 아홉 명입니다. 국회의원은 국민의 직접 투표로 선출되며, 임기는 4년입니다. 다음 선거에서 당선된다면 임기가 끝난 후 연속해서 국회의원이 될 수 있습니다. 이를 재선이라 하는데, 재선 횟수에 제한을 두고 있지는 않습니다.

## 🔖 사법부

사법부는 법을 해석하고 판단해 적용하는 정부 기관입니다. 사법부가 관장하는 사법권은 입법권, 행정권과 함께 국가 3대 권력을 이룹니다. 입법부가 법을 만들고, 행정부는 법을 집행하고, 사법부는 법을 판단합니다. 국가의 권력을 통하여 사람 사이, 집단 사이, 사람과 집단 사이 일어나는 분쟁을 해결하고 국가 질서를 유지하는 것이 사법부의 기능입니다. 우리나라 사법부는 대법원과 각급 법원으로 조직되어 있습니다. 대법원은 우리나라 최고 법원이며, 각급 법원에는 고등법원, 특허법원, 지방법원, 가정법원, 행정법원이 있습니다.

봉건 시대나 왕정 시대에는 사법부와 행정부의 구별이 명확하지 않았습니다. 왕이나 봉건 영주, 지방 수령 등이 직접 판결을 내리거나 사법을 담당하는 기관을 지휘, 감독했습니다. 공정한 재판과 판결이 보장되지 않았고, 법 해석과 판단이 힘 있는 권력자의 자의적 이해관계에 따라 왔다 갔다 했고요.

현대 민주주의 사회에선 사법권의 독립을 보장합니다. 사법권은 주권자인 국민의 자유와 기본권을 수호하기 위한 것입니다. 따라서 모든 권력으로부터 영향받지 않고 독립적으로 존재해야 차별 없이 공정한 재판이 가능합니다. 우리나라에서는 사법부의 독립을 보장하기 위해 직접 재판하고 판결을 내리는 법관의 독립과 신분도 보장됩니다. 법관은 헌법과 법률에 근거해서 자기 양심에 따라 독립적으로 심판하고, 심판 결과로 불이익을 받지 않습니다. 탄핵 또는 범죄로 인한 형벌이 아니고서는 법관의 신분과 지위를 잃지 않습니다.

# 의원 내각제와 삼권 분립

오늘날 민주 사회에서는 독재를 막고 국민의 기본권과 자유를 보호하기 위해 삼권 분립을 명확히 한다고 설명했죠? 그러나 삼권 분립의 선이 다소간 덜 명확한 민주주의 정치 제도가 있습니다. 바로 의원 내각제parliamentary system의 행정부와 의회의 관계가 그렇습니다.

대통령제에선 행정부와 입법부의 구분이 명확합니다. 대통령이 직접 내각을 구성합니다. 각료(부통령 혹은 총리 및 장관)를 임명할 때 의회의 동의를 얻어야 하는 경우도 있으나, 대부분 의회의 간섭 없이 대통령 권한으로 독립적인 각료 임명이 가능합니다. 국가 권력이 대통령에 집중되기 때문에 대통령과 행정부 주도의 국가 운영이 이루어지고요. 대통령 중심 제도를 채택한 국가를 행정주의 국가라고 부릅니다. 의원 내각제에서는 입법부 구성원인 의회 의원이 동시에 내각cabinet을 구성하고, 의회가 권력의 우위를 점하는 경향이 있습니다. 의회 중심의 국가 제도를 채택한 국가를 입법주의 국가라 합니다.

의원 내각제의 특징은 의회 의석의 과반수를 단독으로 또는 다른 당과 연합해 차지하는 정당이 행정부를 구성한다는 것입니다. 주축 정당의 주도로 의회가 행정부 수반인 총리prime minster를 선출하고, 총리는 내각 각료를 임명합니다. 수상과 내각의 각료(장관)가 되려면 반드시 선거를 통해 먼저 의원에 선출되어야만 합니다.

비록 의회에 의해 선출되지만, 총리를 비롯한 정부 내각이 의회를 대신해서 실질적으로 국가를 운영합니다. 따라서 의원 내각제하의 행정부도 의회로부터 독립해 주도적인 국정 운영을 할 수 있습니다. 대신에 의회는 내각에 국정 운영에 대한 책임을 물을 수 있습니다. 이를 불신임 권리라고 합니다. 총리와 장관들의 국정 운영이 형편없다고 판단할 때, 의회는 이 권리를 행사해 총리를 해임하고 내각을 해산합니다. 거꾸로 총리도 의원들을 전부 해임하고 의회를 해산해 총선을 다시 치르고 새로운 의회

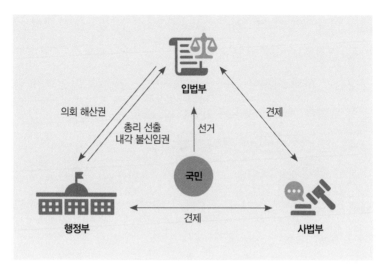

그림 3 ◆ 의원 내각제 삼권 분립

를 구성하는 권리를 갖습니다. 이를 의회 해산권이라 합니다. 따라서 총리와 내각도 의회에 대한 견제 기능을 수행할 수 있습니다. 총리의 의회 해산권은 의회의 내각 불신임권 행사에 대한 맞대응으로 쓰이는 경우가 많아요. 이로써 의회와 행정부는 서로 견제와 균형을 이룹니다.

　이런 측면에서 볼 때, 의원 내각제하에서 행정부와 입법부는 서로 연관되어 있으면서도 독립적으로 존재하고, 서로 견제하며 균형을 이루는 상호 보완적인 관계라 할 수 있습니다. 의회는 내각을 선출하고, 선출된 내각은 의회를 대신해 국정을 주도하고, 내각은 국정 운영에 대한 책임을 지고, 의회는 실패한 국정 운영에 책임을 물어 내각을 해산시킵니다. 대통령제에서와 마찬가지로 행정부의 주도적이고 독립적인 국정 운영이 가능하지만, 국정 운영에 대한 의회의 견제는 훨씬 더 강력한 것이 의원 내각제 삼권 분립의 특징입니다.

5장

# 국가와 정부는 왜 필요한가?

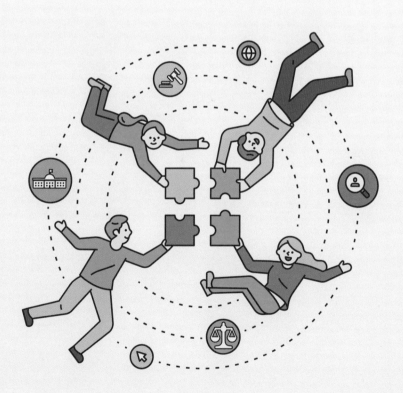

# 행복의 사회적 조건과 난관

건강하고 부유하고 평화롭고 행복한 삶을 마다할 사람은 별로 없을 겁니다. 딱 한 번 사는 삶, 이왕이면 별다른 걱정 없이 하고 싶은 거만 하면서 살 수 있으면 얼마나 좋을까요. 얼마 전 젊은 세대에서 유행했던 욜로Yolo, You only live once 라이프스타일이 표방하는 삶입니다.

그러나 이렇게 사는 건 쉽지가 않습니다. 우리가 살아가는 세상은 모든 게 저절로 주어지는 지상낙원이 아닙니다. 또 인간에게는 남과 비교하는 마음이 있고 남의 삶을 들여다보고 남의 시선을 의식하기 마련이라, 남보다 더 잘하고 더 잘살고 싶어 합니다.

첫째, 자연은 우리에게 물과 식량, 깨끗한 공기, 아름다운 경관 등 많은 것을 제공하지만, 혹독한 추위와 더위, 가뭄, 폭풍, 지진과 같은 자연재해를 주기도 합니다. 자연이 저절로 주는 혜택도 있지만, 피땀 흘려 일하지 않고서는 우리가 먹고 입고 하는 것들을 얻을 수 없습니다. 자연이 그냥 주는 것처럼 보이는 것들조차도 인간의 수렵과 채집이 필요하고, 인위적인 가공과 조작이 필요합니다. 의식주 거의 모든 것에 우리 시간과 땀과 노력이 들어갑니다. 자연은 절대 만만치가 않습니다.

둘째, 따라서 우리가 살아가는 데 꼭 필요하거나 귀하게 여기는 자원들은 기본적으로 부족하기 마련입니다. 자원의 희소성 때문에 사람들은 경쟁하고 다투죠. 인간의 비교 본능과 자원의 희소성이 같이 곱하여져 작동하면 사람 사이의 경쟁과 다툼은 서로를 해치는 폭력과 전쟁으로 치닫게 됩니다.

셋째, 어디든 나쁜 사람들이 존재해서 힘이 세거나 머리가 좋은 사람이 남이 노력해 얻은 것들을 강제로 혹은 속임수로 빼앗아 가려 합니다. 내가 아무리 머리가 좋고 힘이 세다 한들 안심할 수 없습니다. 나보다 더 뛰어난 사람이 어디에든 있습니다.

넷째, 인구 증가 문제입니다. 자연의 험난함과 나쁜 사람의 험악함을 극복하고 의식주가 어느 정도 안정됐을 때 오히려 더 심각해지는 새로운 난관이죠. 의식주의 안정은 급속한 인구 증가를 부릅니다. 인구가 증가하면 자원은 더욱 희소하게 되고, 식량과 물자의 부족 현상을 가져옵니다. 사람 사이의 경쟁이 더 심해질 것이고 불화가 끊이지 않을 겁니다.

다섯째, 외부에서의 침입 문제가 있습니다. 사람이 서로 모여 작은 공동체를 이루고, 서로 도우며 양보하며 조화를 이루고 살아가는 것이 가능합니다. 각자 생존을 책임지며 자연의 난관을 극복하고 스스로 먹고 입을 것을 만들어 낼 때보다, 하나의 공동체로서 협력해 일하고 적성에 맞게 일을 나눈다면, 훨씬 높은 생산성을 발휘할 수 있습니다. 그러나 나중에 다시 설명하겠지만, 사람과 사람 사이의 협력이 쉽지 않습니다. 이를 극복했을지라도 외부에서의 침입이 남아 있습니다. 외부의 적이 쳐들어와서 공동체가 협력하고 노력해서 얻어 낸 소산들을 강탈해 갈 수 있습니다. 외부의 침탈이 빈번하면 공동체 구성원들은 공포와 스트레스에 시달리게 되죠. 열심히 일할 의욕과 동기를 잃어버리겠고요. 공포와 스트레스로 일의 효율 자체가 떨어질 테고, 또 열심히 일해 봐야 어차피 외부의 침략자가 다 빼앗아 갈 거라면 애초에 일할 이유가 없습니다.

종합하면, 우리는 행복한 삶을 원합니다. 이왕이면 서로서로 행복하기를 바라고요. 평화peace와 풍요wealth는 많은 사람이 생각하는 행복의 기본 조건입니다. 평화와 풍요를 이루려면 위에서 말한 자연적, 사회적, 본능적 어려움과 한계를 극복해야 합니다. 또 노동과 생산의 효율을 높이고, 안전과 질서를 확립해야 합니다. 이 모든 것을 위해서는 사람들 사이의 협력, 정해진 약속과 규칙을 지키는 규범, 갈등의 중재와 조정이 중요합니다. 누가 협력을 배반하고, 규칙과 규범을 어기며, 정해진 조정과 합의 사항을 지키지 않는지 모니터링하고 적절한 제재를 가해야 합니다. 반복적인 위반에는 강제 중지 조치와 처벌이 내려져야 재발을 막고 게임의 규칙과 사회 질서를 지킬 수 있습니다. 또 외부의 침략으로부터 공동체를 안전히 지켜야 합니다.

이러한 일들을 누가 할까요? 바로 국가와 정부입니다. 자원과 강제력을 가진 국가와 국가를 운영하는 정부는 공동체의 생존과 번영에 기본이 되는 사회 기반 시설을 확보하고, 법과 제도와 질서를 확립하며, 국방을 강화합니다. 그런데 사회 기반 시설 확충, 제도와 질서의 확립, 공동체의 방위는 꼭 국가의 강제력이 있어야만 가능할까요? 공동체 구성원이 자발적으로 협력하면 되지 않을까요? 강제력 없는 자발적 협력이 왜 힘든지 알아보겠습니다.

# 집단행동 문제

국가의 기본 역할은 사회 기반 시설 및 공공재<sup></sup>public goods를 제공하는 것입니다. 공공재는 비배제적nonexcludable이며 비경합적nonrivalrous인 재화와 서비스를 말합니다. 공공재는 비배제적이므로 일단 누군가 만들어 내면 사회 구성원 모두가 차별 없이 혜택을 누립니다. 비경합적이므로 한 사람이 소비한다고 하여 다른 사람이 소비할 수 있는 양과 질이 크게 줄지 않습니다.

공동체가 잘 유지되려면 상하수도, 쓰레기 처리, 전기, 소방, 학교, 어린이집 같은 기초 생활 기반 시설부터 도로, 항만, 공항, 철도와 같은 거시적 사회 간접 자본 시설까지 잘 갖추어져 있어야 합니다. 또 국방, 치안, 공영 미디어와 방송 같은 공공재도 꼭 필요합니다.

이러한 사회 기반 시설과 공공재는 누가 만들어야 하는가? 그 특성상 국가, 지방 정부, 공공 기관, 공공 기업이 대부분을 책임집니다. 개인은 공공재를 제공할 동기가 부족하고 규모 면에서 능력도 제한되어 있습니다. 사기업은 이윤 추구가 기본 목적이라 공공재의 공급으로는 이윤의 극대화가 어렵습니다.

국가의 개입이나 강제력 없는 공공재의 공급이 어려운 보다 근본적인 이유가 있습니다. 바로 집단행동 문제<sup>collective action dilemma</sup> 혹은 사회적 딜레마<sup>social dilemma</sup> 때문인데요. 집단행동 문제는 협력을 통해 공동의 성과를 이룰 때 모든 사람이 더 큰 이익을 볼 수 있지만, 개인의 이기심과 서로의 이해관계 충돌로 공공 목표에 기여하지 않아 궁극적으로 다 같이 손해를 보는 상황을 말합니다.

재밌는 예를 들어보겠습니다. 한 마을에 물이 부족해 우물을 만들기로 했습니다. 아무 곳이나 판다고 물이 나오는 것은 아닙니다. 먼저 여기저기 물이 나올 만한 곳을 물색해서 어느 정도 깊이까지 파 봐야 합니다. 그러다가 진짜 물이 나오는 곳을 찾았다면, 땅속 깊숙이 파내야 합니다. 큼직한 돌도 많이 모아야 합니다. 그리고 돌로 우물 안 벽을 원통 모양으로 쌓아 올리고, 돌과 돌 사이 틈새는 작은 자갈로 메꾸어 줍니다. 이 모든 절차와 과정에 시간과 노동이 많이 들어갑니다.

누가 이 일을 앞장서서 할까요? 마을 사람 각 개인의 입장에서 생각해 보면, 자기가 아닌 다른 누군가가 우물을 만들어 주면 제일 좋을 겁니다. 우물을 만드는 데 시간과 고된 노동을 쏟아붓지 않아도 되고, 그 시간에 혼자만의 이익을 위해 일하면 되니까요. 그러고는 다 만들어진 우물의 혜택을 손수 만든 사람과 차별 없이 똑같이 누리기만 하면 됩니다. 마을 사람이 모두 이런 식으로 생각한다면 공공 협력은 일어나지 않을 것이고, 마을 공동 프로젝트는 무산될 것입니다. '목마른 놈이 우물을 판다'라는 우리말 속담처럼, 누군가 가장 목마른 사람이 결국 못 견뎌서 우물을 파지 않는 한 이 문제는 해결되지 않을 것입니다.

각자의 시간과 노력, 비용을 들여 협력하면 공공 이익을 창출해 장기적으로 모두에게 이익이 됩니다. 하지만 협력하지 않고 남에게 미루며, 공공 이익의 혜택만을 누리려 하는 문제를 무임승차자 문제free rider problem라 합니다. 무임승차자 문제는 사람이 공동체를 이루고 살아가는 모든 곳에 산재해 있습니다.

생산비를 절감하기 위해 매연 저감 장치를 하지 않은 채로 시커먼 연기를 내뿜는 공장, 하수 처리를 제대로 하지 않고 공업

용 폐수를 흘려 내보내는 업체, 공공이 제공하는 서비스의 혜택은 온전히 누리면서도 회계장부 조작으로 마땅히 내야 할 세금을 탈루하는 기업, 무분별한 남획으로 어족 자원을 고갈시키는 어업자, 지구 온난화 문제를 해결하기 위해 온실가스를 줄이자는 기후 협약을 맺었지만 협약 내용을 제대로 지키지 않는 국가 등등.

개인에 의한 무임승차의 예도 많습니다. 깨끗한 교실을 좋아하면서도 바닥에 떨어진 휴지는 절대로 줍지 않는 학생, 국방의 의무를 다하지 않으려는 병역 기피자, 공용 화장실을 아무렇게나 막 쓰고 자기가 흘린 대소변을 절대로 닦지 않는 이용자, 팀 프로젝트에서 맡은 일을 하지 않는 팀원. 이솝우화 〈쥐들의 회의〉에 나오는 고양이 목에 방울 달기도 무임승차자 문제입니다.

개개인이 단기적 이익에 휩싸여 모두 무임승차자가 된다면, 사회에 꼭 필요한 공공 재화와 공공 서비스는 결코 만들어지지 못할 것이고, 사람 살기에 아주 끔찍한 사회가 될 것입니다. 국가는 권력과 법 제도를 활용해 무임승차자 문제를 방지하고, 공공재 생산과 유지를 위해 구성원의 참여와 협력을 강제할 수 있습니다.

국가는 또한 국방, 치안, 도로, 항만, 철도와 같이 거대 단위의 공공재 성격을 갖는 재화와 서비스의 공급을 감당합니다. 거대 단위의 공공재는 생산하는 데 막대한 인적, 물적, 시간적 비용이 듭니다. 이로 인해 민간에서는 거대 단위 공공재의 생산을 위한 자발적 협력이 발생하기 더욱 어렵습니다. 국가는 국민으로부터 징수한 세금을 활용하거나 국가 채권을 발행하여 자금을 확보해 거대 공공재의 생산을 책임집니다. 따라서 많은 거대 공공 재화와 서비스는 국가나 국가에 소속된 공공 기관 혹은 공기업이 생산하여 국민에게 제공합니다.

여기서 사람들이 종종 헷갈리는 것은 정부나 공공 기관이 생산해서 공급하기 때문에 공공재라고 생각하는 것입니다. 다시 한번 상기해 볼까요? 정부가 공급하든, 민간이든, 개인이든 혹은 자연 발생적이든 상관없이, 일단 생산되어 제공되면 남의 편익을 해치지 않고 누구나 차별 없이 재화와 서비스의 혜택을 누릴 수 있는 것이 공공재입니다.

# 6장

## 정치 체제에 대해서

# 국가의 정치 체제

오늘날 전 세계 모든 나라를 크게 두 가지 형태로 분류할 수 있습니다. 하나는 전제주의 국가이고, 다른 하나는 민주주의 국가입니다. 그 기준은 권력이 어떻게 소유되고 행사되는지 그리고 개인의 자유가 어떻게 보장받는지 혹은 제한되는지입니다.

## 🦋 전제주의

전제주의autocracy는 정권을 잡은 단일 개체가 국가 모든 권력을 장악해 별다른 제한이나 구속 없이 국가 전체를 절대 권력으로 통치하는 정치 체제입니다. 단 한

명의 군주이든, 독재자이든, 지배 집단을 이룬 귀족이든 정당이
든 상관이 없습니다. 절대 권력을 장악한 누구라도 거의 마음대
로 국가를 운용합니다. 정도의 차이는 있겠으나, 현재 여러 가지
형태의 전제주의 국가가 실재하고 있습니다.

- **일인 독재**personalist dictatorship 국왕이 독재하는 군주 국가monarchy 사
  우디아라비아와 김정은이 일인 독재하는 북한이 있습니다. 또 리콴
  유와 그의 아들이 리셴룽이 1959년부터 지금까지 실질적으로 통치
  해 온 싱가포르도 일인 독재 국가입니다.

- **일당 독재**single party dictatorship 하나의 정당이 절대 권력을 휘두르는
  국가입니다. 중국 공산당이 통치하는 중화인민공화국, 즉 중국이 대
  표적입니다. 입헌 군주제 국가인 일본은 좀 특이한 경우입니다. 민
  주적 선거 절차를 통해 의회를 구성하고 내각을 세우지만, 제2차
  세계 대전에서 패망 후 처음 정권을 잡은 1955년부터 지금까지 약
  70년 가까운 세월 동안 거의 예외 없이 자민당이 정치 권력을 독점
  해 왔습니다. 이런 면에서 일본도 사실상 일당 독재 국가입니다.

- **과두정**oligarchy 특정 계급이나 집단에 속한 소수가 지배 계급을 이루

어 절대 권력을 행사하는 체제입니다. 귀족이 통치하는 귀족정, 부유한 계급 혹은 계층이 돈의 힘으로 지배하는 금권정, 군인들이 군사력을 바탕으로 통치하는 군부 독재, 독점 자본주의하에서 소수 금융 자본가가 자본력으로 국가 권력을 장악한 금융 과두 지배, 관료들이 특권층을 이루어 중앙 집권적 지배를 하는 관료제 등이 모두 과두제 형태의 정치 체제에 속합니다.

## 과두제의 철칙

어찌 보면 위에 설명한 모든 형태의 전제주의 정치 체제가 과두제라 할 수 있습니다. 일인 독재, 일당 독재, 공산 독재, 군부 독재, 관료제 모두 결국 소수의 특정 세력이 권력을 독점해 국가를 지배하기 때문입니다. 이런 이유로 독일의 사회학자 로베르트 미헬스Robert Michels, 1876~1936는 1911년 저서 《정당사회학》에서 '과두제의 철칙Iron Law of Oligarchy'이라는 이론을 제시했습니다. 전제주의 체제는 물론, 아무리 민주적인 조직이라도 결국 과두주의로 귀결될 수밖에 없다는 주장입니다. 그 이유는 조직 운영상 전략적이고 기술적인 필요로 결국 소수 엘리트에게 권한이 위임되고, 이들이 주도적으로 조직을 운영하고 지배하게 되기 때문입니다.

이 문제는 오늘날 세계의 대세 정치 제도인 대의 민주주의가
직면한 위험이기도 하죠. 민주적인 선거를 통해 시민 대표를 선
출하지만, 선출된 정치인이 자기를 뽑아 준 유권자의 의견과 이
익을 대변해 국정을 운영하고 의정 활동을 한다는 보장이 없습
니다. 실질적으로 사안마다 일일이 설문 조사와 인터뷰를 통해
유권자의 의견을 묻거나 투표를 통해 유권자가 결정을 내리게
할 수는 없죠. 일반 유권자 사이에서 우세한 의견이 정책 전문가
나 엘리트 정치인의 의견과 제안보다 더 실효성이 있고 합리적
이라고 보기도 힘듭니다. 그러다 보면 결국 국가 운영과 정치는
소수 전문가의 영역으로 남게 될 가능성이 크죠. 게다가 정치인
은 자기 자리를 계속 지키고 싶고, 본인이 계속하지 못하면 측근
이나 친족에게 물려주고 싶어 합니다. 그래서 결국 소수의 선택
받은 사람만이 정치에 입문할 수 있게 되고, 이 소수가 전체 사
회를 통치하게 됩니다.

미헬스의 '과두제의 철칙'이 전하는 메시지와 비슷하게, 프랑
스의 철학자 장 자크 루소Jean Jacques Rousseau, 1712~1778도 "인민은 투
표할 때만 자유롭고 투표가 끝나면 다시 노예가 된다."라고 대
의 민주주의에 대해 아주 회의적으로 말했습니다.

현재 대의 민주주의 제도 아래 사는 대한민국 유권자는 루소와 미헬스의 경고를 깊이 새길 필요가 있습니다. 절대 정치인을 하고 싶은 대로 하게 내버려두지 말아야 합니다. 정치에 무관심하지 말고, 항상 정치인의 말과 행동을 감시하는 눈으로 주의 깊게 관찰하세요. 의견과 비판이 있다면 다양한 소통 수단을 이용하여 적극적으로 개진합시다. 투표에 꼭 참여해 실력이 떨어지고 성적이 좋지 않은 정치인은 반드시 퇴출하고요. 모든 후보가 다 맘에 안 든다면 그나마 가장 낫거나 가장 덜 나쁜 정치인을 뽑는 건 어떨까요. 항상 덜 나쁜 것은 더 나쁜 것보다는 나은 법이니까요.

## 🗳️ 민주주의

민주주의democracy는 개인의 자유와 평등을 가장 기본적 가치로 삼습니다. 개인의 자유는 가장 기본이 되는 가치라 국가 권력이 절대 함부로 침해할 수 없습니다. 남의 자유를 해하지 않는 한, 누구나 자기가 원하는 바를 원하는 방식대로 말하고 실천할 자유가 있습니다. 누구에게나 부당하게 간섭받지 않을 권리가 있습니다. 국민은 누구나 평등하기에 한 사람 한 사람이 기본적으로 똑같은 법적, 정치적 권리와 차별받지 않을 권리를 가집니다. 소유와 성별, 신분에 상관없이 누구나 똑같은 법적 권한을 가지며 법의 보호와 판단을 받고요. 선거에서도 누구나 똑같은 비중의 투표권을 행사하며, 특별한 결격 사유가 없다면 선출직에 입후보할 수도 있습니다.

권력 분립separation of power과 견제와 균형checks and balances이 자유민주주의의 정치 체제적인 특징을 이룹니다. 어느 한 개체가 절대 권력을 행사할 수 없도록 제도적 장치가 설정되어 있으며, 국가 권력이 다양한 정부 기관과 정치 집단에 분산됩니다. 국가의 중요한 의사 결정을 하는 행정부와 입법부의 대표는 선거election를 통해 뽑습니다.

민주적 선거에는 핵심이 되는 크게 네 가지 기본 요소가 있습니다.

- **보통 선거**popular election 특정 연령 이상의 모든 일반 국민이 참여하여 투표하는 보통 선거여야 합니다. 법으로 정한 투표권 나이 이하이거나 특정 범죄 등으로 투표권이 제한되어 있지 않은 한, 모든 국민은 신분, 연령, 종교, 재산, 성별, 출신 지역 등에 상관없이 투표할 수 있는 권리를 보장받아야 합니다. 이전 장에서 설명한 보통 선거

권<sup>universal suffrage</sup>이 바로 이 첫째 요소를 말합니다.

- **직접, 무기명 비밀 투표**<sup>direct, secret ballot</sup> 다른 사람이 대신해서 할 수 없으며, 투표권자가 직접 참여해서 자기 의사를 투표해야 합니다. 투표는 투표권자의 의사를 표시하는 행위이지만, 반드시 비밀이 보장되어야 합니다. 투표용지에 투표자의 신원을 밝히지 않게 하여 누가 누구에게 표를 던졌는지 아무도 모르게 해야 합니다. 그래야만 유권자가 정치적 보복의 두려움 없이 자기가 원하는 후보에게 표를 던질 수 있습니다.

- **정규 선거**<sup>regular election</sup> 반드시 일정 주기를 원칙으로 정규 선거를 통해 뽑습니다. 정규 선거는 특정 정당이나 후보에게 유리하도록 선거 일정을 마음대로 정하지 못하게 하는 장치입니다. 만약 현직에 있는 실권자가 언제든 원하는 대로 선거 일정을 정할 수 있다면, 재선에 가장 유리하다고 판단이 들 때를 골라서 선거를 열려고 할 것입니다.

- **경쟁 선거**<sup>competitive election</sup> 경쟁 선거는 하나의 선출직 선거에 2인 이상 복수의 후보가 자유롭고 실질적인 경쟁을 할 수 있게 보장하는 것을 말합니다. 일정 자격을 갖춘 누구나 본인이 원하는 한 자유롭

게 출마할 수 있어야 합니다. 법적으로 문제가 될 만한 특별한 결격 사유가 있지 않은 한, 원하는 누구든 절대 입후보에서 배제되어서는 안 됩니다. 선거의 주요 기능은 선출된 정치인이 적어도 자기를 뽑아 준 유권자에 대해서만큼은 책임을 지게 만드는 것입니다. 다음 선거에서 경쟁 후보에게 자신의 자리를 빼앗길 수도 있으므로 유권자의 권익을 위해 더욱 노력해야 합니다. 이런 선거의 기능이 정치인에게 제대로 발휘되기 위해서는 반드시 실질적 경쟁 후보가 있어야 합니다.


## 🔖 독재 국가 북한의 선거

선거를 치르면 모두 민주 국가일까요? 그렇지 않습니다. 선거만으로 한 국가가 민주 국가가 되지는 않습니다. 실제로 현재 많은 독재 국가에서 일정 형식의 선거를 정례적으로 치르고 있습니다. 다만 독재 국가에서의 선거와 투표는 앞서 열거한 민주적 선거의 필수 요소들이 결여되거나 왜곡되어 이루어집니다.

국가 권력을 대대로 세습하는 북한 독재 정권에서도 정기적인 선거가 있고 일반 주민이 투표에 참여합니다. 크게 두 가지 선거가 있는데, 하나는 남한의 국회의원 선거에 준하는 최고인민회의 대의원 선거이고, 다른 하나는 우리 지방 선거에 해당하는 지방인민회의 대의원 선거입니다. 하지만 북한의 선거는 겉으로만 주민 참여 투표 형식을 취할 뿐 전혀 민주적이지 않습니다.

일단 각 선거구에 중앙에서 정한 단 한 명의 후보만이 추천되는 경우가 대부분입니다. 여러 후보 중 한 명을 선택하는 것이 아니고, 단 한 명의 후보를 찬성하는지 반대하는지에 대한 투표만 할 수 있습니다. 그리고 그 찬반 투표의 비밀은 보장되지 않습니다. 찬성할 때는 투표용지를 받자마자 아무런 표시 없이 그대로 투표함에 넣습니다. 반대할 때는 투표용지를 받아들고서 기표소에 들어가 후보자 이름 위에 선을 그어야 합니다. 기표소에 들어갈 때 이미 반대표를 던진다는 걸 보는 누구나 알게 되죠. 반대표에 따른 불이익은 감당하기 어려울 만큼 큽니다. 따라서 북한의 선거는 거의 언제나 찬성률 100%인 만장일치 투표 결과를 보여 줍니다.

# 전제주의 국가 vs. 민주주의 국가, 무엇이 더 좋을까?

전제주의 국가와 민주주의 국가, 여러분은 어떤 나라가 더 좋나요? 어느 나라에서 살고 싶을까요? 모든 조건이 똑같다면, 이왕이면 개인의 기본권과 자유가 보장되는 민주주의 국가일 겁니다. 웬만큼 보수적이고, 편협하며, 통제적이지 않고서는 전제주의 국가 체제를 더 좋다고 생각하는 사람은 많지 않을 것 같아요. 그러나 겉으로는 민주주의가 좋다고 하고 자신도 그렇다고 굳게 믿지만, 알게 모르게 전제주의를 더 선호하고 전제주의 방식으로 행동하는 사람도 적지는 않습니다.

또 민주주의 선호의 전제처럼 '모든 조건이 동일'하지만은 않죠. 시대, 상황, 맥락에 따라 전제주의가 민주주의보다 더 가능하고 나은 대안으로 보일 수도 있습니다. 전제주의와 민주주의에 대한 정치 철학자들의 사유를 살펴보고 왜 특정 국가 체제를 상대적으로 더 옹호했는지 이유를 알아보겠습니다.

## 🔖 홉스의 리바이어던 국가

전제주의 체제를 옹호한 것으로 가장 많이 알려진 철학자는 영국의 철학자 토머스 홉스Thomas Hobbes, 1588~1679입니다. 홉스 하면 딱 떠오르는 것이 '만인의 만인에 대한 전쟁the war of all against all'이란 문구일 것입니다. 인간으로 하여금 자신의 이익 추구를 위해 원하는 모든 것을 다 할 수 있게 허용하는 가상의 상태, 즉 자연 상태the state of nature 아래 살게 한다면, 얼마 가지 않아 전쟁과 살육이 끊임없이 이어져 다른 사람으로부터 목숨을 보전하는 것조차 힘들고 결국 모두가 불행해진다는 주장입니다. 이에 대한 해결책으로 홉스는 강력한 전제주의 국가 모델, 즉 리바이어던Leviathan을 제시했습니다. 리바이어던만이 인간의 무질서하고 무차별적인 상호 살육 욕망 추구를 제한하고 무질서한 전쟁 행위를 강압할 수 있다는 것입니다.

홉스는 먼저 인간 본성에 주목했습니다. 인간은 태생이 악하고 이기적이라고 보았습니다. 시기심이 많아 남이 잘난 꼴을 보지 못하는 데다, 두려움까지 많아 남이 나보다 우월하다고 느낄 때 불쾌와 수치는 물론 심한 공포를 느낍니다. 이기심, 시기, 공포에 기인해 남에게 잔인한 행동을 서슴없이 저지를 수 있습니다.

홉스가 인간을 악하게 보았다고 해서 인간의 존엄성을 전면 부정했다는 건 아닙니다. 오히려 모든 인간에게는 마땅한 권리 인 자연권the right of nature이 주어졌다고 했습니다. 여기서 말하는 자연권은 모든 사람이 자기 생명을 지키려고 자기가 원하는 대로, 힘이 닿는 대로, 가장 최선이라 생각하는 모든 수단과 방법을 다할 수 있는 자유liberty를 말합니다. 이때 자유는 한 개인이 자연권을 행사할 때 외부의 간섭과 방해를 받지 않는 것을 의미합니다.

자기 생명을 지키는 노력, 즉 자기 보존 노력은 인간에게 본능과 같은 것입니다. 그런데 생각해 볼까요? 인간이 살아가는 데 필요한 자원과 모든 사람이 소중하고 귀하게 여기는 것들은 희소하기 마련입니다. 자원과 가치의 희소성은 항상 경쟁을 일으키고요. 거친 자연과 사회에서 살아남으려면 인간은 항상 투쟁해야 합니다. 투쟁은 인간의 본능이자 숙명입니다. 더구나 인간의 본성이 이기적이고 시기심이 많고, 잔인하고, 원하는 것을 얻기 위해 할 수 있는 모든 수단과 방법을 가리지 않는다면, 과연 어떤 일이 벌어질까요? 국가의 개입, 간섭, 통제가 없는 자연 상태에서의 인간의 경쟁과 투쟁은 언제든 서로의 생명을 뺏고 빼앗기는 극단으로 치닫게 될 겁니다.

자연 상태는 곧 항시적 전쟁 가능성의 상태입니다. 인간은 아무도 믿고 의지할 수 없는 결국 혼자인 고독한 존재이고요. 각 개인의 삶은 거친 자연과 사악한 타인을 상대로 자기 자신을 지켜야 하는 투쟁입니다. 인간의 본능적 욕망과 잔인함이 통제 없이 날뛰는 자연 상태는 개개인 모두가 다른 개개인 모두에 대한 투쟁war of every one against every one을 벌여야 하는 상태입니다. 언제든 상대방에게 공격당할 수 있는 이런 상황에서는, 이왕이면 내가 먼저 공격해 상대를 제압하는 게 훨씬 더 유리하고 합리적인 행동이겠죠.

따라서 자연 상태에서 인간의 삶은 자유와 평등에 기초하지만, 그 자유와 평등은 곧 가난, 고독, 잔혹함, 추잡함, 불결함으로 가득한 불행한 삶으로 귀결됩니다. 그런 상태에서 인간의 수명은 지극히 짧아서, 오래 살지 못하고 단명할 수밖에 없습니다. 아무리 똑똑하고, 힘이 세고, 뛰어나도 거의 예외가 없습니다. 이런 면에서 인간은 결과론적으로 평등합니다. 불행하고 짧은 인생은 누구도 피해 갈 수 없는 숙명입니다.

인간은 또한 본질적으로도 평등합니다. 수단과 방법을 가리지 않는 자유로운 이기적 행동이 인간 사이에 분쟁의 씨앗을 심는다면, 인간의 평등은 불안과 공포를 조장해 이를 더욱 심화합니다. 홉스가 말한 평등은 모든 인간이 자연법에 따라 동등하게 부여받은 자유와 권리만을 뜻하는 것은 아닙니다. 홉스는 인간이 가진 능력에서의 평등성도 강조했습니다.

모든 사람이 능력 면에서 평등하다니 좀 이상하게 들리죠? 물론 어떤 사람은 남보다 더 힘이 세고 또 어떤 사람은 남보다 더 똑똑합니다. 하지만 아무리 힘이 센 사람도 잠을 자야 하고, 잠든 사이 자기보다 훨씬 약한 사람에게 죽임당할 수 있습니다. 아무리 똑똑한 사람도 기껏해야 한두 분야에서 탁월할 뿐이지 한꺼번에 많은 분야를 통달할 수는 없습니다. 또 한두 분야에 탁월하려면 굉장히 오랜 시간 훈련하고 노력해야 합니다. 제아무리 강하고 유능하고 영리할지라도 항상 그 위에 더 뛰어난 사람을 만나게 되는 법이니까요. 강한 사람이 약한 사람을 제거했을지라도 끝이 아닙니다. 그 위에 더 강한 사람을 만날 것이고, 결국 제거될 겁니다.

인간 사이에 이런 식의 약육강식 투쟁이 계속 반복된다면, 결국 최후에는 가장 강한 단 한 사람만이 남게 됩니다. 그리고 수많은 싸움의 피해로 그는 곧 죽을 것입니다. 최후의 한 사람이 반드시 가장 강한 자일 것이라는 보장도 없습니다. 그도 언제든 잠을 잘 때 다른 사람에게 죽임당할 수 있기 때문입니다.

이렇게 무시무시하고 처참하고 불행한 자연 상태에서 어떻게 인간을 구원할 수 있을까요? 자연 상태에서의 끝없는 약육강식 투쟁을 종식하고 평화, 안전, 질서가 보장되는 사회를 만들 수 있을까요? 인간이 각자 정도껏 자기 이익을 추구하되 서로의 생명을 위협하고 빼앗는 수준까지는 하지 않겠다고 서로 약속을 하고 이를 지키는 방법이 있을 겁니다.

자연 상태에서 인간은 자기 목숨을 보전하기 위해 불안의 원천인 상대방을 제거해야 합니다. 인간은 모두 이 사실을 알고 있고, 모든 사람은 모든 사람에게 엄청난 위협을 느낍니다. 가능한 한 선제공격을 감행하려 할 것입니다. 나의 존재와 존재를 지키는 적극적인 행위가 상대방에게는 목숨을 위협하는 일이 되고, 바로 그것 때문에 상대방은 나를 죽이려 할 겁니다. 결국 자기 보존을 위해 최선을 다하는 인간의 본능과 행동이 자기 보존에 가장 큰 해를 끼치는 부메랑이 되어 돌아옵니다.

악순환의 고리를 끊는 것은 이러한 행위에 어느 정도 범위를 정하는 일일 겁니다. 상대방의 목숨까지는 노리지 않겠다고 서로 약속하고 계약을 맺는 것입니다. 이를 사회 계약이라 합니다.

사악한 욕망 덩어리, 자기밖에 모르는 이기심의 화신, 그런 인간이 사회 계약을 맺는다고? 그게 가능한 일인가? 계약은 이성과 신뢰를 바탕으로 한 특정 조건에 대한 합의와 약속이 아닌가? 홉스의 인간관에 비추어 볼 때, 욕망과 불신의 아이콘인 인간이 서로 계약을 맺는다는 것은 쉽지 않은 일입니다. 계약을 맺었다 할지라도 그 계약이 무탈하게 유지되고 이행되는 것은 거의 불가능할 것입니다. 고만고만한 인간끼리의 계약 불이행으로 인한 다툼은 쉬이 해결되지 않을 거고요.

그래서 모든 개개인보다 강한 국가를 매개체로 계약을 맺는 겁니다. 국가는 계약 자체를 강제로 맺게 할 수 있을 뿐 아니라 계약 불이행에 대해서 법적 처벌을 가할 수 있습니다. 국가는 인간이 발명한 기막힌 창조물입니다. 홉스에 따르면, 인간의 욕망은 불신과 투쟁을 낳지만, 인간의 이성은 평화를 위한 노력과 실질적인 결과물을 만듭니다. 자유로운 영혼으로 하고 싶은 대로 하고 사는 것도 좋겠지만, 자기 목숨보다 더 중요한 것은 없습니다. 자유가 불안, 공포, 전쟁과 죽음을 가져다준다면, 차라리 자유를 양보하고 안전과 평화를 얻는 것이 훨씬 낫습니다. 홉스는 인간의 합리적 이성 덕분에 이것을 스스로 깨우치게 된다고 말합니다.

홉스는 강력한 전제적 권력체 리바이어던Leviathan을 이상적인 국가 모델로 제시했습니다. 리바이어던은 구약 성경 〈욥기〉 41장에 나오는 바다 괴물 이름으로, 인간의 힘을 훨씬 초월하는 강한 괴생명체를 뜻합니다. 홉스는 국가라는 거대 창조물을 이 바다 괴물에 비유했습니다. 국가는 인간이 자기의 안전과 생존을 위해 만들어 낸, 인간보다 훨씬 더 강한 인조인간artificial man 같은 것입니다. 인간은 강력한 인조인간을 만들고, 그와 개개인이 계약을 맺어 자기 권리와 자유를 양도하고, 대신 인조인간으로부터 생명과 재산의 보호를 받습니다. 권력과 통치권을 위임받은 국가는 인간의 자유로운 욕망 추구와 폭력을 제한하는 법을 만들고, 이에 어긋나는 행위에 대해서 엄정하고 강력한 제재와 처벌을 가합니다. 이런 방식으로 국가는 평화와 질서를 창출하고 개인은 평화와 안정을 누리며 자기 생명을 지킵니다. 이런 방식이 안정적으로 작동되고 유지되려면, 국가는 강력하여 전제적인 통치권을 행사해야 하며, 개인은 자신의 권리와 자유를 제한하고 국가에 절대복종해야 합니다.

그러면 개인은 무조건 국가의 절대 권력에 복종해야 할까요?

홉스의 대답은 대체로 '그렇다'입니다. 그러나 무조건 그런 것은 아닙니다. 국가의 절대 권력은 그 자체로서 목적이 되지 못합니다. 다른 목적을 위해 만들어지고 쓰이는 수단일 뿐입니다. 수단으로써 목적에 부합하지 않으면 그 수단은 쓸모가 없어집니다. 국가가 절대 권력을 가지는 이유는 국민의 생명을 지키기 위해서입니다. 그런데 만일 국가가 절대 권력을 국민의 생명을 위협하는 데 사용한다면, 수단과 목적이 전도된 것입니다. 그 절대 권력에 복종할 이유가 없어지죠.

비록 국민이 거의 모든 권리를 국가에 양도하고 국가는 절대 권력에 복종하기로 하였지만, 양도와 복종의 목적은 자기 생명을 지키기 위한 것입니다. 홉스는 '자기 보존self preservation' 권리만큼은 양도가 불가능하고, 국가 권력은 합당하고 합법적인 이유 없이 그 권리를 침해할 수 없다고 했습니다. 따라서 국가가 부당하게 권력을 사용해 국민의 자기 보존권을 침해하는 것에 대해 국민은 저항권을 가집니다. 자기 보존에 피해가 되는 국가의 권력 남용에 불복종하는 것은 정당한 저항권의 행사가 됩니다.

여기서 이야기를 앞에서 다루었던 5·18 광주 항쟁으로 돌아가 볼까요? 국가의 전제적 절대 권력을 옹호하고 국민의 절대복종을 강조한 홉스의 사상에서조차도 전두환·노태우 쿠데타 세력이 광주 시민에게 벌였던 만행은 결코 정당화될 수 없습니다. 절대복종해야 할 국가 권력에 도전한 것은 쿠데타 세력입니다. 이들은 자기 권력 욕망을 채우려고 국가를 지키고 국민을 보호하기 위해 만들어진 군대를 동원해 오히려 국가 권력을 찬탈하고 국민을 학살하는 데 사용했습니다. 결코 용서받을 수 없는 일입니다.

충분히 논리적으로 그 이유를 설명해 주었지만, 인간의 자유를 존중하고 생명과 권리를 소중히 여긴 홉스가 전제 국가의 절대 권력을 강력히 옹호했다는 것은 일면 이해가 가지 않습니다. 철학자의 사유는 그가 나고 자라고 살았던 환경과 시대를 반영합니다. 이제 홉스가 살았던 시대를 살펴볼 이유가 있습니다.

**홉스의 시대** 홉스가 태어난 1588년은 엘리자베스 여왕이 통치하던 영국이 식민지 확대의 기틀을 마련해 가면서 스페인의 해양 패권에 도전하고 있던 시기였습니다. 임신 7개월이던 홉스의 어머니는 스페인 무적함대가 마을 근처까지 올지 모른다는 소문에 놀라 홉스를 조산합니다. 흔히 말하는 칠삭둥이로, 당시 의료 기술로는 아주 운이 좋게 살아남았던 거죠. 이를 두고 홉스는 자신의 출생에 대해 "공포와 쌍둥이로 태어났다."라고 말했습니다.

홉스가 성년 시기를 보낸 17세기 영국은 수차례의 내전과 혁명 등으로 오랜 기간 혼란과 격동을 겪고 있었습니다. 왕당파와 의회파 간 세력 다툼에서 시작된 혼란은 세 차례의 내전을 겪은 후에야 겨우 끝이 났는데요, 홉스는 왕당파에 속해 있었습니다. 1차 내전(1642~1646)에 이어 2차 내전(1648~1649)에서도 싸움에 밀린 왕당파들이 차례대로 체포되자 홉스는 목숨에 위협을 느끼고 프랑스로 도주해 11년간 망명 생활을 했습니다. 망명지에서는 이런저런 시선과 위협을 피해서 살며 집필 활동에 전념했습니다. 홉스의 일생일대 역작이 된 《리바이어던》은 이때의 산물입니다. 3차 내전(1649~1651)이 발발하고 이번에는 의회파의 승리로 끝났습니다. 홉스는 3차에 걸친 내전이 끝나 갈 무렵 《리바이어던》을 출간했는데, 의회파와 왕당파 모두에게 외면받았습니다. 심지어 같이 망명했던 왕당파는 《리바이어던》의 급진성에 분개해 살해하겠다는 협박까지 했습니다. 홉스는 이를 피해 1652년 2월 영국으로 돌아왔고요. 그는 영국으로 돌아와서도 무신론자로 몰려 여러 차례 처형의 위기를 맞았습니다.

91세까지 살며 당시로는 어마어마한 장수를 누렸지만, 홉스는 전쟁의 공포와 함께 태어났고, 생애 대부분을 불안정한 시대 상황 속에 생명의 위협을 겪으며 살았습니다. 홉스의 삶은 그 자체가 공포를 극복하고 생명을 보존하는 투쟁이었습니다. 이런 홉스에게는 무엇보다 평화와 사회 정치 체제의 안정이 가장 중요한 가치로 여겨졌을 것입니다. 질서와 안전이 확보되어 누구나 자기 보존을 보장받는다면 자유의 제한과 제도적 억압은 당연하게 받아들여야 하는 대가로 생각했겠죠?

## 🔖 루소의 일반 의지와 직접 민주주의 국가

토머스 홉스와 대비되는 사회 계약론자는 장 자크 루소Jean Jacques Rousseau, 1712~1778입니다. 루소는 전제 국가의 절대 권력, 주권을 강조한 홉스와 달랐습니다. 그는 국가의 주권자는 일반 국민이며, 모든 국민이 공통되게 가지고 있는 선한 의지를 반영해 국가를 통치해야 한다고 저서 《사회 계약론》에서 주장했습니다. 루소는 이를 인민 주권people's soverignty과 일반 의지general will라 표현했습니다. 국민이 국가에 절대복종해야 하는 게 아닙니다. 국가가 국민의 뜻과 의지에 복종하는 겁니다. 정치 지도자와 관료도 군림하고 통치하는 것이 아니라 국민의 심부름꾼으로서 일하는 겁니다.

루소가 이렇게 당시로서는 획기적이고 급진적으로 생각하게 된 이유가 무엇이었을까요? 본인 스스로의 성향과 의지도 있겠지만, 시대 상황도 루소같이 영민한 생각의 천재에게는 큰 자극이 되었을 겁니다.

**루소의 시대** 루소의 생애(1712~1778)는 전제 군주 루이 15세의 집권 기간(1715~1774)과 거의 일치합니다. 루이 15세의 아버지는 프랑스 절대 왕정을 세우고 확립한 루이 14세였습니다. 태양왕이라 불리는 루이 14세는 1643년에서 1715년까지 무려 72년여 동안이나 통치했고, 루이 15세는 아버지의 절대 왕정을 이어받아 59년 동안 다스렸습니다.

루소가 살던 프랑스는 여전히 절대 왕정 시대였습니다. 사회적, 경제적 불평등이 심화해 시민은 노예와 같은 대접을 받고 있었고요. 상업과 무역을 통해 국부를 증대하고자 하는 절대 왕정의 중상주의 정책은 새로운 계급인 부르주아bourgeoisie에게 막대한 부를 안겨 주었습니다. 부르주아는 축적된 자본과 부를 바탕으로 정치적 영향력을 행사하며 프랑스의 새로운 상류층으로 자리 잡았습니다. 이에 루소는 저서 《에밀》에서 국가를 사랑하는 시민이 아니라 오직 돈만 좇는 부르주아가 득세하고 활개를 친다며 개탄하였습니다. 루소는 힘과 부를 자랑하는 가진 자보다 보통 사람 즉 인민을 소중하게 여겼고, 그들에게서 희망을 찾았습니다.

루소의 《사회 계약론》 루소가 1762년 출간한 《사회 계약론》을 통해서 인민 주권과 일반 의지에 대한 정치사상을 좀 더 자세하게 살펴보겠습니다.

홉스와 같이 루소도 국가와 제도가 생겨나기 전 역사적 가상 상태인 자연 상태부터 설정합니다. 그러나 자연 상태에 대한 견해가 완전히 달랐습니다. 사람이 많이 살지 않았던 자연 상태에서, 각자 땀 흘려 열심히 그러나 절대 과하지 않게 일하며, 적당한 양의 음식을 먹고, 적당한 필요를 채우며 인간은 모두 각자 살았습니다. 인간은 본디 선한 본성을 가지고 있으며, 한가로운 공상을 즐겨 합니다. 소규모 집단을 이루고 마을 공동체 안에 살지만, 남의 일에 간섭하지도, 남과 비교하지도 않습니다. 오직 자기 자신과 제 일에만 집중하며, 독자적이며 주체적인 자기 삶을 살아갑니다. 자연 상태는 참으로 평화로운 상태죠?

평화롭고 행복한 나날이 이어집니다. 자연스레 인구도 증가하고요. 이것이 항상 문제입니다. 서로 적당히 떨어져서 느슨한 공동체 안에서 인간 본래의 특성대로 각자 독립되고 여유로운 생활을 즐겨야 행복할 수 있는 게 루소의 자연인입니다. 인구가 증가하면 자연인 주변에 사람이 많아지죠? 거리 두기가 불가능해집니다. 공동체는 점차 느슨함에서 벗어나 자연인의 삶과 일을 간섭하고 통제하는 형태로 변해 갑니다. 노동 분업화가 일어나고, 큰 기계의 부속품처럼 서로 연결되어 일하게 됩니다. 이 과정에서 서로를 비교하고, 모자란다 생각하면 질투하고, 낫다 생각하면 자만합니다. 지능과 능력의 차이로 누군가는 더 많이 가져가거나 덜 가져가게 되고, 이 차이가 누적되어 불평등이 커집니다.

불평등은 사람들 사이에 계급을 만들고, 하위 계급은 상위 계급을 위해 일하며 착취당합니다. 하위 계급은 무언가 잘못되어 감을 느끼고 불만을 표출합니다. 마냥 무시만은 할 수 없기에 상위 계급은 사회 계약을 해결책으로 제시합니다. 모두의 평등과 안전을 보장하기 위한 것이라며 사회 계약을 맺게 합니다. 하지만 실상은 상위 계급의 우위와 지배를 더 공고히 하기 위한 것이고, 차별적 계급과 불평등을 사회 계약을 통해 정치 제도로 정착시켜 버립니다. 결국엔 사람과 사람 사이, 계급과 계급 사이의 갈등과 경쟁이 심해지고 사회 불안과 혼란은 커져만 가겠죠.

루소는 이런 사회적 현실을 바꾸고 싶었습니다. 할 수만 있다면 모두가 행복했던 본연의 자연 상태로 돌아가는 것이 최선일 겁니다. 여기서 루소의 "자연으로 돌아가자return to nature."라는 가장 유명한 말이 유래했습니다. 여기서 말하는 자연nature은 푸른 숲과 깊은 산, 맑은 바다와 같은 대자연을 의미하는 게 아닙니다. 바로 본질의 상태를 뜻합니다. 자연 상태에서 인간은 선한 본성 그대로 순박하고 단순하게 살 수 있었습니다. 무심한 듯 무던하게 자기 일을 하고, 많은 휴식과 여유를 즐기며 살았습니다. 자연으로 돌아가자는 말은 바로 자연 상태에서 누렸던 인간의 본질적인 모습과 삶의 방식으로 돌아가자는 것을 뜻합니다.

하지만 그러기에는 원시 자연 상태로부터 이미 너무 많은 역사의 시간이 흘렀습니다. 인구는 너무 많아졌고, 사회 구조는 너무 복잡해졌습니다. 루소는 자연 상태로의 복귀가 이미 불가능한 일이 돼버린 것을 알았습니다. 대안으로 루소는 이전과는 전혀 다른 사회 계약을 제시했습니다. 모든 사람이 결합하되 절대로 누구에게도 억지로 복종할 필요 없고 강제로 구속받지 않는 새로운 내용의 사회 계약입니다.

새 사회 계약의 목적은 사회 구성원의 자유를 보장하고 신체와 재산을 지켜 주는 것입니다. 이를 위해 모든 구성원은 공동의 힘으로 정치 공동체를 설립하고 운영합니다. 공동체의 모든 의사 결정과 운영은 일반 의지에 근거해서 이루어져야 합니다. 일반 의지는 항상 공공의 이익을 추구하고 항상 올바르기에 오류를 범하지 않습니다. 이 일반 의지의 원리에 따른 사회 계약을 통해 구성원 각 개인은 전체인 정치 공동체로 결합하지만, 그 누구도 아닌 오직 자신에게만 복종하게 되어 이전의 자연 상태에서처럼 모두가 완전히 자유로운 존재가 되죠.

여기서 크게 두 가지 의문점이 생깁니다. 첫째, 일반 의지가 무엇이길래 항상 올바르고 모두에게 이익이 되며 모두를 자유롭게 하는 것일까요? 둘째, 아무리 선하고 이익이 되는 일반 의지에 근거한 것이라 할지라도 공동체의 결정과 운영에 각 개인이 따르고 복종하지 않는다면 아무런 소용이 없을 겁니다. 이렇듯 일반 의지에 복종해야 새로운 사회 계약이 실제 효과를 가집니다. 그런데 어떻게 루소는 "아무도 자기 외에 아무에게도 복종하지 않게 된다."라고 말했을까요? 계약이란 일정한 조건, 의무, 혜택, 양보 등에 관한 것을 합의해 법률 효과를 발생시키는 약속입니다. 기본적으로 사회 계약은 개인이 국가 공동체에 자기 권리를 양도하고 복종과 의무를 약속하는 대신에 국가로부터 보호와 질서를 보장받는 것입니다. 사회 계약도 법률적 효력을 가지는 계약입니다.

다시 간단히 정리해 보겠습니다. 루소의 논리대로라면, 우리는 항상 선하고 항상 이익이 되는 완벽한 일반 의지에 복종하겠다고 사회 계약을 맺어야 합니다. 일반 의지가 꼭 모든 문제를 풀 수 있는 만능열쇠처럼 들리죠? 그런데 우리는 아무에게 복종하지 않고서도 평화롭고 자유로운 삶을 보장받게 됩니다. "복종은 했지만, 복종하지 않았다."라는 것은 "음주는 했지만, 음주 운전은 안 했다."라는 말보다 적어도 표면적으로는 더 모순으로 들립니다.

이 문제들을 해결해 보겠습니다. 먼저 일반 의지를 살펴볼까요. '일반general'은 보통, 평균, 전체, 보편을 뜻하고, '의지will'는 마음, 자세, 태도, 소원, 의향, 뜻을 나타냅니다. 따라서 일반 의지는 보통 사람들이 보편적으로 가지고 있는 마음과 태도와 의향을 말한다고 할 수 있습니다. 루소의 인간관에서는 모든 사람이 평등하고 선한 본성을 가지고 있습니다. 모든 사람이 '보통' 사람이고, 이 모든 보통 사람이 공통의 선함을 지닌 것입니다. 따라서 일반 의지는 모든 개개인이 가지고 있는 선한 마음이며, 자유와 평등을 소원하는 공통된 마음입니다. 한 개인이 일반 의지를 따른다는 것은 곧 자기 자신의 개별적 자유 의지를 따르는 것이 됩니다. 이 자유 의지는 모든 사람에게서 공통으로 나옵니다. 자연스레 일반 의지를 따르는 것은 모두를 위한 공동의 자유를 따르는 것입니다. 자유뿐만이 아니죠. 인간의 선한 본성에 맞게 일반 의지는 특정인만을 위한 배타적이고 사사로운 이익이 아닌 서로에게 도움이 되는 상호 이익을 추구하며 평등을 보장하고 사회 정의를 실현합니다.

일반 의지에 기초한 사회 계약에서 국가와 법은 일반 의지를 실현하기 위한 수단이 됩니다. 국가는 목적 그 자체가 될 수 없으며 주권의 주체도 아닙니다. 주권은 오직 국민에게만 있고 국가 권력 행위의 모든 근원은 국민의 일반 의지에 달려 있습니다. 국가는 대리인으로서 일반 의지를 실현하고자 일하고, 일반 의지에 따라 만들어진 법을 집행할 뿐입니다. 법은 국가를 통치하고 운영하는 원리, 기준, 규칙 등을 제공합니다. 비록 주권의 주체이지만 모든 국민 개개인은 법에 복종해야만 합니다. 목적이 아닌 실현 수단일 뿐이지만, 법은 모든 국민의 의사인 일반 의지를 실현하기 위해 바로 그 일반 의지를 반영해 제정되는 것이기 때문입니다.

그런데 일반 의지를 어떻게 알 수 있을까요? 루소는 다수 득표에서 일반 의지를 발견할 수 있다고 생각했습니다. 중요한 사안마다 국민이 직접 참여해 사안에 대해서 생각하고, 논의하고,

투표하는 직접 민주주의가 최선의 방식이라 믿었습니다. 국민의 직접 참여와 투표를 위해 전 국민이 한곳에 모이는 정기적 주권자 집회를 주장했습니다. 루소는 대의 제도에 대해서도 상당히 비판적이었습니다. 개인 의지와 일반 의지를 대표될 수 없는 것으로 보았습니다. 인민이 자기 의사를 직접 표출하면 되지, 누군가를 선출해 대리하게 할 이유도, 필요도 없는 것입니다. 선출된 대리자가 간접적으로 대표하는 과정에서 국민 의사의 오도와 왜곡이 일어날 수밖에 없다고 말합니다. 이런 시각을 가진 루소는 당시 영국 대의제의 관행에 쓴소리를 날렸습니다.

> "스스로 자유롭다고 생각하는 영국 인민은 큰 착각에 빠진 것입니다. 그들은 의회 의원을 선거하는 기간에만 자유로울 뿐 선거가 끝나는 순간 다시 노예가 되고 아무런 존재 가치도 없게 됩니다."

　루소의 대의제 비판은 오늘날 대한민국의 현실 정치에도 빗대어 많이 쓰입니다. 각종 선거를 통해 당선된 지방의회 의원, 자치단체장, 국회의원 등이 선거 기간에는 허리를 90도 이상 숙여 가며 인사하다가도 일단 당선되고 나면 유권자의 이익은 나몰라라 하고 지역 행사 같은 곳에서는 지위와 권력을 앞세워 거들먹거리기 일쑤입니다.

다시 직접 민주주의로 돌아가겠습니다. 주민이 직접 투표하여 의사를 결정하면, 과연 항상 올바르게 일반 의지를 표명할 수 있는 걸까요? 이 질문은 다수 득표에서 과연 일반 의지를 발견할 수 있는가의 문제입니다. 루소가 말한 대로 모든 인간이 선한 본성의 어떤 측면을 공유하고 있을지는 몰라도, 각각은 다른 생각과 개성을 가지고 있습니다. 또 모든 인간이 본성에 선함을 가졌다 할지라도, 더불어 악함을 전혀 가지고 있지 않다고 할 수는 없을 것입니다. 악인과 선인 사이에 정도의 차이는 있겠지만, 모든 사람이 자기 안에 어느 정도의 악함도 지니고 있다고 보는 것이 합당하지 않을까요?

루소도 다수결의 한계를 인정했습니다. 모든 사람이 보편적 공공선을 추구하는 일반 의지를 표출한다는 루소의 논리대로라면 주민 투표의 결과는 항상 단 한 표의 이탈 없이 만장일치로 귀결되어야 할 것입니다. 그러나 실제로는 그렇지 않죠. 루소도 이 점을 인정했습니다. 개인이 계몽되지 못했거나, 기득권 세력의 속임수에 빠져 있거나, 당파적 이익에 전도되면 일반 의지를 올바르게 표출하지 못하게 됩니다. 그러므로 일반 의지에 상반되는 의견을 표출하고 투표하는 일들이 벌어집니다.

또 인간에게는 공통의 선한 일반 의지뿐 아니라 각 개인의 개별적 이해관계인 사적 의지가 있음을 루소는 잘 알았습니다. 개인의 개별적이고 특수한 사적 이익의 총합을 전체 의지라 이름 붙이고 일반 의지와 구별해 사용했습니다. 때로는 전체 의지가 우세해 공동체의 정치적 결정이 일반 의지와 다르게 만들어질 때도 있을 수 있습니다.

그런데도 루소는 정기적인 주권자 집회를 통한 다수결이 최선의 의결 방법이라 믿었습니다. 첫째, 개인의 특수 의지는 일반 의지보다 덜하거나 과할 것인데, 더하고 덜한 특수 의지들이 합쳐지면 결국 서로 상쇄되어 0에 가까워질 것이기 때문입니다. 따라서 직접 투표에 의한 공동체의 의사 결정은 웬만해서는 일반 의지에 어긋나지 않을 것입니다.

둘째, 국민 투표를 통한 의사 결정엔 다수결 원칙이 현실적으로 적용될 수밖에 없죠. 모두의 찬성이라는 만장일치에 기반을 둔 일반 의지와는 분명하게 상충됩니다. 하지만 다수결은 투표 결과에 따르겠다는 구성원 전체의 일반 의지로 합의된 원칙입니다. 따라서 다수결에 복종하는 것은 일반 의지에 복종하는 것이고, 결국 자기 자신의 자유 의지에 복종하는 것입니다.

셋째, 다수결을 원칙으로 한 직접 투표가 완벽하지 않을 수 있습니다. 그렇더라도 선출된 정치인이 유권자를 대표한다는 명목으로 대신해서 결정을 내리는 대의제보다는 적어도 더 완벽하게 일반 의지를 반영할 겁니다. 루소는 아무리 유능한 사람을 대표로 뽑는다고 할지라도 자기와 가까운 사람이나 사회단체, 당파적 이익 등에 휘말려 일반 의지에 반하는 방향으로 법을 제정하고 정부를 운용할 수 있다고 봤습니다. 그리고 정부, 통치자, 선출된 대표들이 사적 이익을 위해 공동체의 이익을 저해하고 공동체 자체를 와해하는 걸 가장 염려했고요.

마지막으로, 정기적인 주권자 집회는 통치자와 정부가 사적이익을 버리고 공익과 국민을 위해 헌신하도록 강제할 수 있는 유일한 동시에 제일 나은 방법입니다. 전체 집회에서 다수 투표 결의를 통해 무능하고 독단적인 정부를 갈아 치울 수 있지요. 전제 정부의 출현을 미연에 방지할 수 있습니다.

# 대의 민주주의의 세계적 현상

오늘날 실제 가장 많은 국가가 채택하고 있는 정치 체제는 대의 민주주의입니다. 학술적으로 가장 권위 있는 폴리티 프로젝트Polity Project, www.systemicpeace.org는 현대 국제 시스템의 출발점으로 여겨지는 1800년을 기점으로 현재까지 전 세계 국가의 민주화 척도를 연도별로 측정해 데이터화했습니다. -10부터 10까지 21점 척도를 사용해 가장 비민주적인 국가는 -10점을, 가장 민주적인 국가는 10점을 부여합니다. 0은 가운데 점수를 나타내고요. 보통 6점부터 민주 국가로 분류하고, -6점 이하는 전제 국가, -5점과 5점 사이는 민주 국가도 비민주 국가도 아닌 아노크라시anocracy라 합니다.

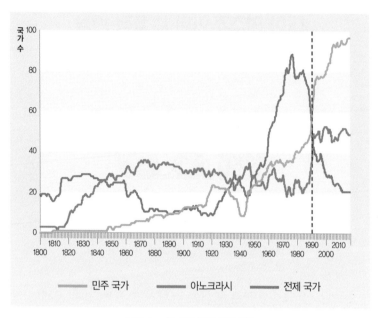

국가 수

민주 국가 ━━━ 아노크라시 ━━━ 전제 국가

그림 4 ◆ **전 세계 정치 체제 동향**

폴리티 프로젝트 데이터의 가장 최근 연도인 2018년 기준에 따르면, 세계 167개 조사 대상국 가운데 약 59.3%인 99개국이 민주주의 정치 체제로 분류됩니다. 세계의 과반수 이상이 민주 국가인 거죠. 하루아침에 일어난 일이 아니에요. 근대부터 현대를 지나면서 세계사의 수많은 부침(나폴레옹 전쟁, 프랑스 혁명, 러시아 혁명, 제1차 세계 대전, 제2차 세계 대전, 냉전, 데탕트, 소련 붕괴, 탈냉전, 세계화)에도 전 세계가 꾸준히 민주화를 이루어 낸 결과입니다.

하지만 이들 가운데 직접 민주주의를 시행하고 있는 국가는 사실상 전무합니다. 그나마 스위스만 예외적으로 부분적 직접 민주주의를 대의제와 접목해 운영하고 있을 뿐이죠.

모든 민주 국가가 직접 민주주의가 아닌 대의 민주주의를 채택하고 있는 이유가 뭘까요? 언뜻 아주 당연해 보이기도 합니다. 모든 중요한 정책 사안마다 주민이 모두 모여 집회를 열고, 안건을 토론하고, 직접 투표를 하는 건 비용도 만만치 않고 현실성도 떨어지기 때문일 겁니다.

무엇보다 가장 큰 장벽은 현대에 들어와 세계 인구가 가히 폭발적으로 증가했다는 점입니다. 각 정치체의 인구도 따라서 증가했습니다. 미국 인구 조사국<sup>United States Census Bureau, www.census.gov</sup>에 따르면, 1800년도에 약 10억 명이었던 지구 인구가 1927년경 20억을 돌파했고, 1960년 39억, 1974년 40억, 1987년 50억, 1999년 60억을 돌파했습니다. UN에 따르면, 2011년에 지구 인구는 70억 명을 넘어섰습니다. 대규모 인구는 주권자 집회를 통한 직접 민주주의의 실행에 즉각적인 방해물이 됩니다. 간단히 말해 주권자 집회와 같은 행사를 위해 한꺼번에 전 인구가 다 모일 수 있는 물리적 장소가 없습니다.

**물리적 장소** 우리나라의 예를 들자면, 1990년대 이전에 우리나라의 대표적인 집회 장소는 여의도 광장(지금의 여의도 공원)이었습니다. 여의도 광장은 총면적이 7만 2천 평으로, 광장이 가득 차면 약 35~55만 명 정도 모일 수 있습니다. 1990년 당시 우리나라 인구는 4,287만 명으로 많아야 인구의 약 1.3%만이 한 장소에 모일 수 있었던 겁니다. 가장 최근 대규모 집회는 박근혜 대통령 탄핵 관련 촛불 항쟁(2016.10.26.~2017.04.29.)입니다. 가장 많은 인파가 몰린 것은 2017년 1월 7일 열린 11차 집회였는데, 약 64만 명의 시민이 광화문 광장 일대에 모인 것으로 추정됩니다. 현재 대한민국 인구를 약 5천만 명으로 산정한다면, 약 1.3% 정도만이 한 장소에 겨우 모일 수 있습니다. 현대 국가의 대규모 인구로 주권자 집회를 위해 시민 대부분이 모일 수 있는 물리적 공간 자체가 허락되지 않습니다.

물리적 장소의 제한뿐 아니라, 대규모 인구는 시간 문제로 자연스레 연결됩니다. 엄청 많은 인구가 정해진 시간에 함께 모인다는 것 자체가 불가능한 일입니다. 여러분이 친구들과 만날 약속을 정하는 일도 두 명, 세 명, 네 명이 넘어가기 시작하면 대단히 어려워지죠? 각자 사정이 복잡하게 얽혀 모처럼 만나는 일이 보통 힘든 일이 아닐 겁니다. 하물며 국가 전체의 투표권자가 한날한시에 모이는 일은 굳이 설명할 필요조차 없죠.

많은 사람이 한꺼번에 모이는 일에는 비용도 크게 발생합니다. 스케줄을 조정하고 행사를 계획하고 준비하는 일에는 모두 비용이 발생합니다. 거기에 더해 집회에 모이는 시간과 비용은 다른 생산적인 일에 쓰일 수 있습니다. 이것을 기회비용opportunity cost이라 합니다. 집회를 준비하고 진행하는 시간과 비용에 다른 일을 하지 못해 발생한 잠재적 생산의 손실을 함께 계산해야 합니다. 여러분이 만약 지나치게 많은 시간과 돈을 게임방에서 쓴다면 단순히 게임방에서 보낸 시간과 비용만 낭비하는 게 아니라 그 시간과 돈으로 다른 일을 했을 때 생산할 이익과 보람까지 낭비하는 겁니다.

자본주의의 발전과 산업화도 직접 민주주의의 채택과 실행을 더욱 어렵게 만들어 왔습니다. 자본주의는 효율, 생산성, 이윤의 극대화를 최고 미덕으로 삼아요. 오스트리아-헝가리 출신의 미국 정치경제학자 조셉 슘페터Joseph Schumpeter, 1883~1950가 주장하듯이, 자본주의하에서 모든 생산 가능한 인구는 바쁘고 또 바빠야만 합니다. 생산과 소비, 교육과 같은 경제 활동을 열심히 해야 합니다. 다른 일에 지나치게 관심을 쏟고 시간과 비용을 쓸 여유가 없습니다. 자칫 잘못하면 도태되기 십상이죠. 그나마 여유가 있다면 자신에게 집중하여 끊임없이 자신을 발전시키고 돌봐야 합니다. 자본주의와 함께 개인주의individualism가 꽃피우게 되는 거죠.

자본주의 체제 아래에서 개인주의와 경제적 합리성으로 무장한 인간이 전체 사회의 정책 이슈와 집단 의사 결정 과정에서 큰 관심을 가질 인센티브<sup>incentive</sup>를 얻기는 쉽지 않을 겁니다. 경제 활동과 재산의 소유 및 보호를 위한 자유와 권리, 복지와 후생 문제만 확실히 보장된다면, 전체 사회 단위의 정책 현안과 의사 결정은 선별된 전문가 집단인 정치인과 행정 관료가 사회 구성원을 대표하여 책임지고 담당하는 것이 더 효율적이라 생각할 겁니다. 따라서 자본주의에서는 대의 민주주의가 최고의 효율과 합리성을 제공하는 정치 체제로 보일 것입니다.

자본주의의 발전과 함께 진행되는 산업화도 선출된 대표가 정책을 선도하고 의사 결정을 내리는 대의 민주주의의 정치적 효율성을 한층 더 강하게 부각합니다. 산업화가 진행되고 발전을 이루면, 노동 분업과 전문화가 이루어집니다. 노동의 전문화는 직업 분화를 가져와 수없이 다양한 업종과 직업을 파생하죠. 사람마다 각자 노동 영역과 전문 분야가 생깁니다. 그리고 열심히 일해야 합니다. 자본주의 산업 사회가 필요로 하는 만큼 자기 영역에서 근면하고 현명하지 않으면, 자신만의 노동 영역과 전문 분야를 가질 수 없게 되고, 경제 사회적으로 도태될 겁니다.

하버드 경영대학원 마이클 포터 교수<sup>Michael Porter, 1947~</sup>가 지적하듯, 정치도 하나의 산업입니다. 정치 서비스를 제공하는 공급자 정당이 있고, 구매하는 유권자가 있습니다. 이 산업에 같이 공생하는 TV와 각종 언론 매체, 여론 조사 기관, 싱크탱크 등이 있습니다. 이 산업에 종사하는 전문가들은 정치 서비스를 생산해 내고, 서로 자기 제품이 더 낫다고 홍보하며 경쟁합니다. 자기 영역에서 열심이라 바쁜 유권자는 제공된 정치 서비스 범위 내에서 구매하고 이용합니다. 많은 정치 서비스 제공자가 생겨나지만, 다른 산업 시장과 같이(예를 들면, 애플과 삼성이 양분하고 독점한 스마트폰 시장처럼) 결국 두어 개의 세력이 정치 시장 내 유력한 위치를 차지하는 독과점 현상이 일어납니다. 그리하여 유권자에겐 실질적으로 두 개의 선택만이 남게 되죠. 바로 보수와 진보라는 거대 진영 사이의 선택만이 남습니다. 저마다 정도와 범위의 차이는 있겠지만, 미국, 영국, 프랑스, 독일, 일본, 한국 등 대부분의 발달한 민주주의 국가에서 일어나는 현상입니다.

이렇듯 산업 자본주의와 대의 민주주의는 서로 궤를 같이하며 확산되고 발전해 왔습니다. 대의 민주주의는 자본주의와 산업화의 특성과 잘 부합해 이들을 유지하고 발전시키는 정치적 기반이 됐습니다. 또 현대 국제 체제의 국가 특성과 인구 구조상 직접 민주주의는 현실적 대안이 되지 못한 대신, 국제 사회는 대의 민주주의를 동력으로 삼아 인류의 보편적 가치인 자유와 평등, 인권, 재산권, 생명 존중, 평화를 실현하고 확장해 왔습니다.

현대 국제 사회가 가지고 있는 특성과 장벽 때문에 직접 민주주의가 아닌 대의 민주주의가 대세 정치 체제가 된 것을 알았죠? 그렇지만 꼭 대의 민주주의가 덜 이상적이고 열등하지만 '그럼에도 어쩔 수 없이' 채택해 온 차선의 정치 제도라 말하기는 쉽지 않습니다. 사상적 전통으로 볼 때, 오히려 많은 정치 철학자가 직접 민주주의보다는 공화제나 대의 민주제 같은 간접 민주주의를 실현 가능하면서도 바람직한 정치 체제로 선호해 왔습니다.

소크라테스, 맹자, 아리스토텔레스, 마키아벨리, 로크, 칸트, 존 스튜어트 밀, 제임스 메디슨 등이 대표적입니다. 이들은 공통으로 여러 소수 혹은 자격을 갖춘 '선별된 다수'에 의한 통치를 강조했습니다. 일반 인민의 권리, 자유, 평등은 보장받아야 마땅한 것이므로 전제 정치와 독재 정치는 반드시 피해야 합니다. 하지만 제대로 훈련을 받고 자격을 갖추지 못한, 미숙한 절대다수에 의한 통치도 큰 해악으로 보았습니다. 정치와 통치는 곧 전문가 영역으로 본 거죠.

모든 국민이 적극적으로 정치에 참여하고 통치에 관여하는 직접 민주제를 통한 대중 민주주의 통치는 미숙하고 비효과적인 정치적 결과를 가져온다고 주장합니다. 현명하지 않지만 감성적이고 자극적인 큰 목소리가 다수의 호응을 얻는다면, 그것이 곧 통치 권력이 되어 온갖 정치적 불합리를 일으킬 걸 우려했습니다. 정치인은 진정으로 정치 공동체에 이익이 되는 장기적인 계획과 정책보다는 당장 많은 사람을 자극할 수 있는 사안에만 몰두할 것이고, 대중 인기에 영합하는 정책들을 남발할 것입니다.

간접 민주주의를 선호한 철학자들은 또한 직접 민주주의는 미숙하고 불합리한 정책뿐 아니라 일인 독재 혹은 전제 정치 못지않은 폐단을 가져온다고 생각했습니다. 다수에 의한 횡포와 소수에 대한 인권 유린이 일어날 것이라 믿었고요. 대중은 변덕이 심하고 감정적이어서 선동과 조작에 지배당하기 쉽습니다. 일단 한쪽으로 선동되면, 다수는 자기가 동의하지 않는 현명하고 신중한 소수를 억압할 겁니다. 또 직접 민주주의와 포퓰리즘은 결국엔 폭민 정치mobocracy와 전체주의totalitarianism로 흐를 가능성이 농후합니다. 대중을 교묘히 선동하고 조정하는 강력한 카리스마의 정치 지도자, 의견이 한쪽으로 쏠린 흥분한 대중 다수는 서로 화학적 결합을 이루어 낼 것이고, 결국 큰 재앙을 일으키기 마련입니다. 제2차 세계 대전도 독일(히틀러)과 이탈리아

(무솔리니)에서 있었던 폭민 정치와 전체주의 결합으로 벌어진 재앙적 결과였다고 보아도 무방할 겁니다.

정리해 보겠습니다. 위의 철학자들에게 직접 민주제란, 대중이 직접 참여해 결정하고 통치하는 방식이 자유롭고 민주주의적인 것처럼 보이겠지만, 결국에는 합리적인 소수의 반대 의견을 묵살하고, 획일적이고 일방적인 의사 결정을 강제하며, 개인의 권리와 자유를 부당하게 침해하고 억압하는 '가장 피해야 할' 또 다른 형태의 전제와 독재dictatorship인 겁니다. 임마누엘 칸트는 직접 민주주의를 한마디로 '인민에 의한 폭정despotism by people'이라 했습니다.

그럼 이들이 내세운 대의제 간접 민주주의는 어떤 모습일까요? 가장 중요하게 여긴 가치는 개인이 인간으로서 마땅히 누려야 하는 기본적 인권, 자기 생명과 재산을 지키기 위한 노력과 활동의 자유, 부당한 차별을 받지 않고 공정한 기회를 보장받는 평등입니다. 여기에 빈곤에 시달리지 않게 하는 경제적 풍요와 내외부의 위협으로부터 안전할 수 있는 질서 유지와 평화도 인간이 인간답게 살고 행복하기 위해 필요한 기본 조건입니다. 정치는 이러한 것을 담당하고 가능하게 하는 것이고, 대의 민주주의는 정치의 목적과 기능을 달성케 하는 가장 합리적이고 효과적 정치 체제인 겁니다.

**대의 민주주의의 속성** 대의 민주주의는 다음과 같은 속성을 갖추어야 제대로 작동할 수 있습니다. 첫째, 자유주의 기본 가치를 지키려면 억압적, 독단적, 획일적, 비합리적 정치 체제와 의사 결정 방식을 배제해야 합니다. 따라서 극소수가 권력을 독점하거나 전체 집단이 의사 결정에 직접 참여하는 방식을 피합니다. 대신에 훈련되고 자격을 갖춘 선별된 다수가 국민 대표가 되어 통치해야 합니다.

둘째, 선별된 소수가 서로 연합해 독과점적인 귀족 엘리트 정치 세력을 형성할 수 있으므로, 이들의 역할과 책임을 나누어 서로 견제하고 균형을 이루게 해야 합니다. 즉 권력 분립이 반드시 이루어져야 합니다. 우리 헌법에서 규정하고 정부에서 시행하고 있는 삼권 분립이 권력 분립의 좋은 예입니다. 정부의 주요 3부인 행정부, 입법부, 사법부가 서로 독립적인 권한과 기능을 행사하게 하며 서로를 감시하고 견제하여 국가 권력의 균형을 이룹니다.

셋째, 각부 책임자도 임기를 정해 어느 한 사람 혹은 집단이 독점하는 것을 막습니다. 우리나라는 사법부 최상부에 14명의 대법관과 9명의 헌법재판소 판사가 있습니다. 이들은 대법원장과 국회의 제청 및 동의를 거쳐 대통령이 임명합니다. 임기는 6년이며, 연임할 수 있습니다. 임기가 정해져 있다는 것은 두 가지 의미가 있습니다. 하나는 한 번 자리에 앉으면 나가지 않고 계속하려고 하는 시도를 원천 봉쇄합니다. 다른 하나는 임기가 6년으로 제한돼 있지만 동시에 6년 동안은 보장받은 것이므로 행정부와 국회 등 다른 정부 기구와 기관의 간섭을 피해 독립적으로 법리에 맞게 판단할 수 있습니다.

대통령과 국회의원 같은 선출직 권력자들은 빈번하고 정기적인 선거를 통해 권력의 집중 및 특정인과 집단에 의한 장기 집권을 방지합니다. 선거로 선출된 사람들은 정치 권력을 쥐고 있다는 면에서 권력자man in power이지만, 동시에 뽑아 준 유권자의 선호와 이익을 대변하는 대표자representative입니다. 대의 민주주의라는 뜻에 맞게 선출된 권력자가 국민 의사를 대신 표명하며 정치를 의논하고 실행합니다. 대의 민주주의에서는 선출된 정치인이 통치합니다. 국민은 통치자가 아닌 대표를 뽑는 유권자일 뿐이고요. 선출된 권력자가 국민 뜻에 반하는 정치를 할 수도 있습니다. 이를 완전히 방지하는 것은 아쉽지만 불가능합니다. 대신 아주 길지 않은 주기로 선거를 자주 치르면서 독단적인 통치에 대한 처벌로 기존 권력자를 교체해 버릴 수 있게 하는 것이죠. 유권자는 선거를 통해서 잘한 정치인은 재선시켜 보상하고, 잘못한 정치인은 낙선시켜 처벌합니다.

미국인이 역사상 가장 존경하는 대통령 에이브러햄 링컨이 게티즈버그 연설에서 말한 "국민의Of the people, 국민에 의한By the people, 국민을 위한For the people 통치"는 오늘날 민주주의에 관해 가장 잘 알려진 정의 중 하나입니다. 대의 민주주의는 링컨의 정의와 딱 맞아떨어지지는 않습니다. '국민의'는 주권이 국민에게 있음을 말합니다. '국민을 위한'은 국민을 위한 정책과 복지를 말합니다. 이 두 개념은 대의 민주주의 가치와 원리에 부합합니다. 문제는 '국민에 의한'입니다. 앞에서 살펴본 바와 같이 대의 민주주의를 옹호하는 사상가들은 이것을 반드시 피해야 할 것으로 여겼습니다. 국민에 의한 직접 통치는 독재 정치와 다름없는, 다만 그 주체가 국민일 뿐이라고 했죠?

대의 민주주의자에게는 '국민 직접 통치Rule by the People=민주 독재'라는 등식이 성립합니다. 대신에 그들은 '동의에 의한 통치Rule by Consent'를 주장합니다. 정치와 통치는 교육과 훈련을 통해 교양과 식견, 경험을 갖춘 전문 정치인이 국민 의사와 이익을 대표해 행합니다. 대신에 국민은 정치인의 통치와 정책이 진정으로 자기 의사와 이익을 대표하는지 평가하고, 동의와 반대를 표명하는 게 가장 합리적이고 정당하다고 봤습니다. 여론은 국민의 뜻과 동의 여부를 나타내는 지표입니다. 선거에서 투표 결과는 가장 강력하고 결정적인 동의 혹은 반대 의사의 표출입니다. 반대할 만한 정당과 후보는 피하고, 동의할 만한 정당과 후보를 뽑습니다. 뽑아 준 후보와 정당의 정치적 성과가 변변치 않으면 다음 선거에서 표를 주지 않으면 됩니다.

정리하면 대의 민주주의에서 국민은 의견을 표출하고, 정치인은 국민 의사를 대표하고, 국민은 다시 정치인의 성과를 평가합니다. 여기에 더해 대의 민주주의의 또 다른 측면이 있습니다. 그것은 대의 민주주의의 심의성discursiveness, deliberation 원리입니다. 쉽게 얘기하면, 정치인은 단순히 국민 의사를 대표하는 게 아니라 표출된 의사를 심사숙고해서 정치적, 정책적 의사 결정을 한다는 것입니다. 선출된 대표가 단순히 국민의 의사를 날 것 그대로 정책에 반영하는 것이 바람직하지 않다는 것이죠.

일반 국민의 의견과 요구는 즉흥적이고 단기적이고 획일적일 수 있습니다. 장기적 시각을 가지고 좀 더 넓게, 좀 더 사려 깊게 바라봐야 할 문제를 국민 여론에 휘둘려 단기적인 시각으로 해결하려 하면 어떻게 될까요? 궁극적으로 공동체 이익에 해를 끼칠 겁니다. 대의 민주주의 제도는 선출된 대표가 탁월한 식견과 지혜로 사안을 바라보고, 토론과 논의를 통해 의사 결정을 내릴 수 있게 합니다. 이러한 시각에서 볼 때, 대의제에서 선출된 대표는 국민 의사의 단순 대리인delegate이 아닙니다. 공공에 이익이 된다면 국민의 뜻을 감히 거슬러 결정을 내릴 수 있는, 더 능동적인 대표인 수탁자trustee로 간주할 수 있습니다. 즉 대표는 국민 의사를 취합하고 확인한 후, 이를 깊이 생각하고 토론하는 심의를 통해 최종 의사 결정을 내리게 하는 것이 대의 민주주의의 심의성 원리입니다.

## 🔖 대의 민주주의의 실질적 이득

민주주의는 오늘날 세계에서 가능한 한 가장 바람직한 정치 제도로 보편적으로 받아들여집니다. 다만 민주주의에도 약점이 있고 폐단이 있을 수 있으므로, 민주주의에 대해 비판적이고 회의적인 목소리도 분명 존재합니다. 하지만 제2차 세계 대전의 위기를 넘긴 영국 수상 윈스턴 처칠Winston Churchill, 1874~1965의 말처럼, 민주주의는 최선은 아닐지라도 적어도 '최소 악the least evil'의 정치 제도라고 할 수 있습니다. 더 나은 정치 체제가 가능하지 않을까, 의문을 품는 사람도 있겠죠. 그런 사람에게는 '최선' 혹은 '최소 악'보다는 '실재하는 것 중 가장 나은the best available'이라는 표현이 합당해 보입니다.

앞에서 봤듯이, 민주주의는 대중의 정치 참여와 의사 결정 형식에 따라 직접과 간접 (혹은 대의제) 민주주의로 나누어집니다. 여러 현실적 제약으로 현대 사회에서 직접 민주주의를 실행하는 것은 사실상 어렵다고 배웠죠? 그렇지만 직접 민주주의가 불가능해서 어쩔 수 없이 차선책으로 대의제 간접 민주주의를 행하는 게 아니라, 대의 민주주의가 직접 민주주의가 더 나은 체제라고 주장하는 이론가도 많다는 것을 배웠습니다.

대의 민주주의는 지금 세계에서 가장 많은 국가(좀 더 정확히 말하면 약 60%)가 채택하고 있는 '대세' 정치 체제입니다. 민주주의 정치 체제는 단지 이론적이고 추상적으로 바람직할 뿐만 아니라 우리가 사는 세상과 국가가 실질적인 혜택을 누리도록 제도적인 뒷받침을 해 주고 있습니다. 민주주의 덕분에 세상 더 많은 국가와 더 많은 사람이 더 큰 물질적 풍요와 평화를 누리고 있습니다. 다시 말하면, 민주주의는 경제 발전과 평화에 긍정적인 영향을 미치는 요인입니다.

단 민주주의가 경제 발전과 평화에 유일한 원인은 아님을 유넘해야 합니다. 자연 자원, 인적 자원, 자본, 기술, 지리적 특성 등 경제 발전이나 평화에 영향을 미치는 여러 요인이 있습니다. 따라서 민주주의 국가라고 반드시 평화와 번영을 누리는 것은 아닙니다. 그러나 만약 전 세계 대부분 국가가 전제주의 국가라면 아마도 우리가 살고 있는 세계는 지금보다 불안정하고, 덜 풍요롭고, 빈번한 전쟁으로 고통받았을 겁니다. 모든 조건이 똑같다면, 민주 국가로 가득 찬 세상이 전제 국가로 가득 찬 세상보다는 훨씬 나을 것입니다.

# 7장

## 경제 발전과 민주주의

# 민주주의 정치 제도가 유리한 점

## 🔊 OECD 국가와 민주주의 수준

OECD$^{Organization\ of\ Economic\ Cooperation}$ $^{and\ Development}$는 세계에서 가장 경제 체제가 발달하고 잘사는 국가들의 모임입니다. 2022년 현재 대한민국, 미국, 영국, 일본, 이스라엘, 호주, 룩셈부르크 등 총 38개국이 회원으로 있습니다. OECD를 흔히들 '부자 나라 클럽'이라고 합니다. 다만 사우디아라비아, 쿠웨이트, 브루나이, 대만, 싱가포르처럼 부자 나라지만 부의 원천이 천연자원이거나, 국가 규모가 작거나, 국가 자격에 관한 분쟁이 있어 OECD 회원이 아닌 나라도 있습니다.

예외도 있지만, OECD에 속한 국가 대부분은 시장 경제와 산

그림 5 ◆ OECD 국가와 가입일

업화는 물론이고, 자유 민주주의 제도가 제대로 안착해 운영되고 있습니다. 앞서 설명한 폴리티 프로젝트와 함께 프리덤 하우스Freedom House는 세계에서 가장 잘 알려진 민주주의 측정 기관입니다. 이 기관은 해마다 세계 각국의 자유 민주주의 수준을 자

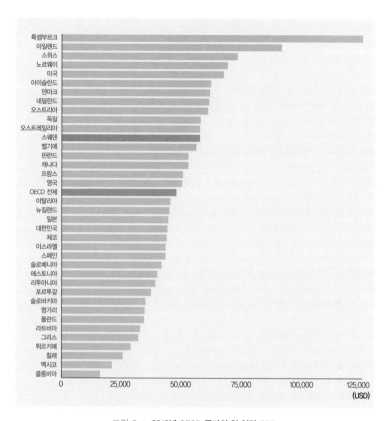

유free, 부분적 자유Partly free, 부자유not free 등 세 가지 등급으로 나누어 발표합니다. 2022년도 자료에 따르면, 38개국 회원국 중 34개국이 '자유로운' 국가로 분류되고, 나머지 4개국은 '부분적으로 자유로운' 국가로 분류됩니다. 이 네 개 국가는 튀르키예,

멕시코, 헝가리, 콜롬비아로, 자유 민주주의 수준뿐 아니라 경제 수준도 OECD 국가 중 가장 낮은 편입니다.


## 🧷 민주주의 체제는 어떤 점이 경제 발전에 유리할까?

먼저 민주주의의 법 제도적 특성이 장기적이고 지속적인 경제 발전에 유리합니다. 민주주의 정치 제도는 법 영역에서는 법률에 따른 통치the Rule of Law로 구현됩니다. 통치자 마음대로 경제를 운영할 수 없어서, 통치자의 권한 남용과 독단적인 경제 운영은 법과 제도로 제한받고 걸러집니다. 통치자 마음대로 경제를 운영할 수 있다면, 통치자 자신의 이익과 가까운 사람들에게 특혜를 주는 경제 정책을 남발하기 쉽겠죠? 결국엔 국가 경제의 효율과 경쟁력이 약해지고, 특권층은 부유해지지만 나라와 국민은 가난하게 될 겁니다. 반대로 시장 참여자들에게 법과 제도를 통해 공정과 자유를 보장해 준다면, 가장 경쟁력 있는 사람과 아이디어, 제품 등이 시장의 선택을 받을 것이고 궁극적으로 나라 전반의 산업과 경제도 발전할 겁니다.

둘째, 경제 영역에서 법치는 재산권의 보장이 핵심입니다. 재산권은 자유로운 생산과 경제 활동, 나아가 경제 성장과 지속적인 경제 발전에 필수가 되는 가장 기본적인 법 제도적 장치입니다. 사업과 노동, 투자와 같은 경제 활동으로 얻은 소득에 대한 소유권 보장이 확실하지 않다면 어떻게 될까요? 아무도 열심히 일하고 않고, 사업하지 않고, 투자하려 하지 않겠죠. 경제 활동에 참여하는 모든 사람에게 재산권을 보장하면 이 문제를 해결할 수 있습니다. 여기서 민주주의 근본 원리 중 하나가 자유임을 떠올려 보세요. 민주주의는 정치적 자유뿐 아니라 경제적 자유도 법과 제도의 근간으로 삼습니다. 참정권이 정치 영역에서 자유의 필수 요소인 것처럼, 재산권은 경제 영역에서 자유의 필수 요소입니다. 이 둘은 민주주의 정치 경제 제도의 근본 원리인 자유를 수호하는 검의 양날입니다.

셋째, 민주주의의 '법에 따른 통치' 원리는 경제 활동과 시장 거래에 필수적인 계약과 신용 체계 확립에 도움이 됩니다. 경제 활동과 시장 거래는 예를 들어 공장에서 물건을 만들고, 백화점에서 판매하고, 소비자가 구매하는 행위와 과정인데요. 공장은 백화점 주문에 따라 생산량을 정하고 기일에 맞추어 납품합니다. 여기에서 신용은 필수적이죠. 제품을 다 만들었는데 백화점이 주문을 취소하고 나 몰라라 한다면 공장으로선 큰 낭패입니

**재산권** 무언가를 소유할 권리로, 소유를 통해 경제적 이득을 얻을 수 있는 권리까지 포괄합니다. 이것이 자유와 연관된 이유는 합당한 방법으로 취득한 재산에 대해 누구로부터 간섭받거나 침해받지 않고 사용, 교환, 증여할 수 있는 자유를 나타내기 때문입니다. 재산권에 관련된 경제적 자유는 영어로 'freedom from arbitrary seizure of property'라고 표현합니다. 내가 아닌 다른 누군가가 나의 재산을 임의적이고 독단적으로 빼앗아 갈 위협으로부터의 자유를 뜻합니다. 전제주의 국가에서는 정부와 독재자가 자신과 가신 그룹의 이익을 위해 시민과 기업 재산을 침탈하는 일이 빈번하게 일어납니다. 우리나라에서도 1970~1980년대 군사 독재 정권에 재산과 기업을 빼앗긴 사람이 많았습니다. 북한은 말할 것도 없고, 급속한 자본주의 발달을 이룬 중국에서도 정부 당국에 의한 사유 재산과 기업 침탈이 빈번히 일어나고 있습니다. 반면 국가 권력이 임의로 국민과 기업 재산을 침탈하는 일은 민주주의 제도가 잘 발달하고 성숙한 국가에서는 있을 수 없는 일입니다. 열심히 일하고 노력해서 일군 재산과 기업을 언제든 빼앗길 수 있다면, 아무도 최선을 다해 생산과 경제 활동에 임하지 않겠죠. 이러한 여건에서 경제 성장은 불가능할 것이고, 사회는 점점 더 가난해질 겁니다.

다. 반대로 제품을 만들기로 하고선 공장이 납입 기일을 넘기거나 생산을 취소하면 백화점이 곤란하고요. 백화점과 공장 사이에 신뢰가 있지 않고서는 주문과 생산이 원활히 이루어지지 않겠죠. 그래서 오랜 기간에 걸친 꾸준한 거래를 통해 확인된 것만큼 강한 신뢰는 없을 겁니다.

그러나 백화점에서 볼 때 오랜 거래처만 상대하면 가격 경쟁력 확보와 시장의 트렌드 적응에 어려움을 겪을 수 있습니다. 공급처 다변화는 납품 단가 절감, 상품 다양성 확보, 트렌드 선도 등에 유리합니다. 생산자가 볼 때도 판매처 다변화는 안정적인 판로 확보와 공급 확보 등 여러 가지 장점이 있습니다. 공장이나 백화점이나 새로운 거래처를 계속해서 터야 합니다. 아직 신뢰를 형성하지 못한 당사자 간 거래는 불확실성과 위험이 상대적으로 큽니다. 이 문제를 극복하게 돕는 것이 계약contract입니다. 계약은 거래자 간에 어떤 일을, 언제, 어떻게 하겠다는 상호 약속입니다. 약속을 이행하지 않았을 때는 손해를 감내하고라도 어떤 보상을 하겠다는 것까지 명시합니다.

법치 제도와 문화가 제대로 확립되지 않은 전제주의 사회에서는 계약 내용과 의무를 강제하고 집행하게 하는 계약 집행력contract enforcement이 약합니다. 한쪽에서 계약을 안 지키고 관계 당국의 힘 있는 사람을 돈으로 매수하는 일이 흔하죠. 이런 나라에서는 계약이 신뢰할 만한 강제력을 갖기 힘듭니다. 따라서 시장 참여자 간의 거래 성사 자체가 대단히 어려운 일이고, 신뢰 형성의 기반 자체가 빈약해집니다. 이런 상황에서 경제가 꾸준히 성장하고 발전하기는 어렵죠.

효과적인 계약 집행력effective contract enforcement은 시장 참여자 간의 신뢰 형성뿐 아니라 신용 시장의 형성과 발달에도 중대한 영향을 미칩니다. 경제 거래에서 신용credit은 돈을 빌려주고 갚을 수 있는 채권자(빌려주는 사람)와 채무자(빌린 사람)의 능력을 말합니다. 이 신용은 문서화된 계약으로 보증되고요. 빌린 사람이 아무리 갚을 능력이 있더라도 안 갚으면 그만이라는 생각이 사회에 팽배한다면, 빌려줄 수 있는 사람은 애초에 돈을 절대로 빌려주지 않겠죠. 우리가 날마다 쓰는 신용카드가 가장 대표적인 예입니다. 카드회사는 우리의 갚을 능력을 측정해 한도를 정해 주고, 우리는 갚을 수 있는 한도 내에서 신용카드를 사용합니다. 신용카드의 사용은 온, 오프라인 판매와 소비를 촉진합니다. 거래의 비용은 낮추지만, 속도는 증가시켜 경제 거래를 효율적으로 만듭니다.

신용은 투자에도 필수적인 요소입니다. 새로운 산업 시설과 제품을 개발하기 위해서 기업은 돈을 빌려야 합니다. 이때 회사의 신용과 신용 거래를 보증해 주는 사법 체계의 법 집행력이 공고해야 기업이 더 많은 투자 자금을 유치하는 데 도움이 됩니다. 또 효과적인 계약 집행력에 기인한 국내 신용 시장의 형성과 발달은 경제의 원활한 흐름과 기업 혁신뿐 아니라 더 많은 국제 투자 유치도 가능하게 합니다. 국제 투자자는 모든 조건이 똑같다면 신용 시스템이 제대로 형성되지 않은 국가에 투자하지 않으려 할 것입니다. 투자 이익금은 고사하고 투자 원금조차도 회수하지 못할 위험이 크기 때문입니다.

정리하면, 민주주의는 권력 분립과 견제와 균형의 원리에 따라 사법부의 독립성을 보장합니다. 사법부는 정치 권력이나 경제 권력에 휘둘리지 않고 엄정하고 공정한 법 해석과 판단을 내릴 수 있는 권한을 보장받아요. 이를 통해 민주주의 체제하의 사법부는 강력한 권위와 법 집행력을 갖고, 사회에 법치주의가 정착해 원활히 작동합니다. 효율적인 법치주의와 이에 따라오게되는 계약 집행력은 경제 영역에서 신용 시스템을 발전시키고 국내 시장의 효율과 국제 시장에서의 경쟁력을 강화하죠.

넷째, 민주주의 정치 문화도 경제 발전에 도움이 됩니다. 민주

국제 시장에서의 경쟁력  실제 많은 연구 데이터를 분석해 보면, 효율적인 법 집행력을 가진 국가가 더 많은 국제 투자를 유치하는 것으로 나타납니다. 또 이 연구들은 효과적인 계약 집행력이 신용 시장과 기업 혁신, 정부의 안정적인 세수(tax revenues) 확보, 외국인 직접 투자 유치 등에 긍정적인 영향을 미치며 전반적으로 더 나은 국내외적 비즈니스 환경을 조성한다고 증명합니다. 이 연구들의 리스트와 요약은 월드 뱅크(the World Bank) 웹페이지에서 확인할 수 있습니다. (https://subnational.doingbusiness.org/en/data/exploretopics/enforcing-contracts/why-matters#1).

주의는 사회 구성원 간의 존중과 신뢰를 근간으로 삼습니다. 누구나 생각과 표현의 자유를 보장받기에 다양하고 특이한 생각과 의견도 존중해야 하며, 동의할 수 없어서 반대하더라도 함부로 남의 목소리를 묵살해서는 안 됩니다. 이러한 문화와 태도는 생각과 시도를 하는 데 있어 사회를 더 개방적으로 만듭니다. 창의적인 아이디어가 더 많이 표출되고 받아들여지고요.

여기에 민주주의 정치 문화는 사상의 자유 시장the marketplace of ideas이 잘 작동하는 원리와도 일맥상통합니다. 이 이론은 17세기 영국의 철학자 존 밀턴John Milton, 1608~1674이 확립했고, 오늘날 많은 학자가 연구에 적용하는 이론입니다. 다양한 아이디어가 자유롭게 표출되게 내버려두면 즉각적으로는 혼동이 올 수 있지만, 공개적이고 투명한 토론을 통해서 결국 가장 좋은 게 살아남아 힘을 발휘할 것이라고 주장합니다. 자유 시장에서의 상품과 마찬가지로 가장 옳고 좋은 아이디어가 덜 옳고 덜 좋은 아이디어와 자유 경쟁을 통해 걸러진다는 원리입니다. 이렇게 걸러진 새롭고 좋은 아이디어는 경제와 시장, 기업과 제품, 법과 제도에 적용되어 혁신과 경제 발전을 이끌어 내는 원동력이 됩니다.

다섯째, 민주주의 선거 제도의 정규성regularity, 포괄성inclusiveness, 경쟁성competitiveness도 경제 발전에 도움이 됩니다. 민주주의에서는 정기적인 선거가 이루어져 정권 교체가 주기적이고 예측 가능합니다. 이는 장기적인 경제 발전에 필수적인 정치적 안정을 가져다주죠. 독재 국가에서는 언제 정권이 바뀔지 모릅니다. 일단 권좌에 앉은 독재자는 영원히 권력을 쥐려고 사회를 통제하고 압박합니다. 이에 불만을 품은 그룹이나 최고 권력을 차지하고 싶은 정치 세력은 별다른 출구가 없기 때문에 쿠데타, 내전, 테러, 암살, 반란과 같이 폭력적인 방법을 동원할 수밖에 없는 유혹을 느낍니다. 정권 이양과 정부 교체가 예측 불가능하고 폭력적이기 때문에 독재 국가는 정치적으로 불안정한 경우가 다반사입니다. 정치적 불안정은 정부와 시장 참여자가 장기적인 안목으로 경제를 발전시키는 데 어려움을 많이 일으킵니다. 또 정치적 불안정은 시장의 불확실성을 높이고, 생산과 소비를 위축하며, 투자를 저해하죠.

민주주의 선거 제도의 경쟁성은 정당으로 하여금 더 나은 경제 정책을 제시하고 더 나은 경제 성과를 내도록 분발하게 합니다. 누가 경제적으로 더 뛰어난지 경쟁시키는 겁니다. 이러한 현상은 정치학과 경제학의 경제적 투표 행위economic voting 연구 분야에서 잘 설명합니다. 이 연구 분야의 선구자인 미국 정치학자 마이클 루이스-벡Michael Lewis-Beck, 1943~ 교수에 따르면, 선거 시점의

나라 경제 상황이 유권자의 투표 선택에 영향을 미친다는 것입니다. 이러한 주장은 루이스 교수 본인의 연구뿐 아니라 많은 후속 연구자의 데이터 분석으로 실증됐습니다. 선거 역사에서 가장 유명한 일화는 아마도 1992년 미국 대통령 선거 당시 민주당 후보 빌 클린턴William Clinton 진영에서 당시 현직 대통령인 공화당의 조지 부시 시니어George Bush senior를 상대로 내세웠던 선거 캠페인 문구 '문제는 경제야, 이 바보야It's the economy, stupid'일 겁니다.

걸프 전쟁의 성공적인 수행으로 현직인 부시 대통령의 인기는 상당히 좋은 편이었습니다. 그런데 클린턴 진영에서 당시 미국이 겪고 있는 경제 불황을 적극적으로 부각한 거죠. 이 전략이 부시에 대한 지지도를 끌어내리고 46세의 신참 빌 클린턴이 대선에서 승리하는 데 결정적 역할을 했습니다. 실제 취임 이후 경제 정책을 성공적으로 이끈 클린턴은 1996년 대선에서도 승리해 재선에 성공했습니다.

비슷한 논리로, 민주주의 선거의 포괄성은 집권자가 편협한 사적 이익에 전도된 경제 정책보다는 포괄적이고 공공 이익을 지향하는 정책을 펼치게끔 제도적 장치 역할을 합니다. 민주주의나 전제주의나 상관없이 집권 세력의 우선 목표는 정권을 획득, 유지, 연장하는 것입니다. 이것은 정치학이 집권 세력에 가장 보편적으로 설정하는 가정입니다. 나라 발전을 위해 아무리 좋은 이상과 계획이 있을지라도 정권을 가지고 있지 않다면 그 이상과 계획을 펼칠 기회조차 없는 것이죠. 이 가정의 장점은 민주주의 체제하의 정치 지도자와 비민주주의 체제하의 정치 지도자의 성향과 인격을 특정 방향으로 편향되게 정의할 필요가 없다는 것입니다. 확률상의 차이야 있을 수 있겠지만, 민주주의 체제하에서 사악한 사람이 정권을 잡고 비민주주의 체제에서 선한 정치인이 나오는 것이 얼마든지 가능합니다.

그런데 이 보편적인 정치인의 권력 추구 본능이 정치 체제의 유형과 상호 작동해 중요한 정책적 차이를 만들어 냅니다. 미국 정치학자 부에노 드 메스키타Bueno de Mesquita, 1946~와 동료 학자들이 만든 셀렉토레이트selectorate 이론이 이를 잘 규명했습니다.

**셀렉토레이트 이론** 셀렉토레이트는 선출권자 집단 혹은 후보 결정권자 집단 정도로 번역할 수 있습니다. 그 나라의 최고 권력자를 뽑는 권한을 가진 사람의 집단, 즉 선거인단을 뜻합니다. 선출권자 중에서 이긴 쪽을 선택한 사람들을 합해 승리자 연합winning coalition이라고 합니다.

쉬운 이해를 위해 최근 2022년 3월 한국 20대 대통령 선거의 예를 들어볼까요? 우리 선거법에 의하면, 18세 이상 대한민국 국적을 가진 모든 사람은 투표권을 갖습니다. 따라서 이들 모두가 유권자이고 선출권자 집단에 속합니다. 20대 대선 당시 총 유권자 수는 약 4,420만 명이었습니다. 실제 투표에 참여한 유권자는 3,388만 8,497명이었고 국민의힘 윤석열 후보가 전체의 48.56%인 1,637만 9,143표를 얻어 승리했습니다. 윤석열 후보에 표를 던진 모든 투표자가 바로 승리자 연합입니다.

정반대의 경우가 중국입니다. 중국 국가 주석은 입법부인 전국인민대표대회(전인대)에서 과반 투표로 선출합니다. 전인대는 우리나라 국회에 해당하며, 2,980명의 인민대표(의원)로 이루어져 있습니다. 약 14억 인구 중 극소수인 전인대 대표만이 국가 주석 선출 권한을 가지는 것입니다. 이 극소수의 전인대 대표조차 중국 인민의 직접 투표가 아닌 중국 공산당, 행정 기관, 중국 인민해방군(중국 군대)의 영향 아래 간접 선거로 선출됩니다. 전인대 대표들은 주석 선거에서 자기 소신으로 투표하기보다는 공산당 중앙에서 미리 정한 방향대로 투표하는 거수기 역할을 하는 데 그칩니다. 즉 실질적으로 중국 국가 주석은 공산당 지도부 핵심 인사들이 결정합니다.

셀렉토레이트 이론에 따르면, 집권자가 권력을 유지하고자 하는 욕망 자체는 민주주의냐 비민주주의냐 하는 정치 체제에 따라 다르지 않습니다. 하지만 목적을 이루기 위해 정책을 수립하고 이행하는 방식은 확연히 다르게 나타난다고 설명합니다.

민주주의에서 정권을 쥐려면 선거에서 이겨야 합니다. 민주주의에서는 특정 연령 이상 거의 모든 인구에 투표권이 있습니다. 그래서 선거인단의 크기가 엄청나게 크죠. 선거에 이기려면 투표에 참여한 유권자 중 50%에 플러스 1표의 지지를 얻거나 최다 득표를 얻어야 합니다. 결과적으로 상당한 규모의 유권자 층을 만족시켜야 민주주의 선거에서 승리할 수 있습니다. 반면에 비민주 국가에서는 선출권자 집단의 크기가 작거나 크더라도 제한된 소수의 특권층만이 최고 지도자 선출에 실질적인 영향력을 갖습니다. 선거에서 통치권자를 선출하기도 하지만, 매우 형식적이거나, 선택된 소수의 선거인단이 투표하는 간접 선거 방식인 경우도 매우 흔하고요.

승리자 연합의 크기가 매우 작은 전제주의 국가에서는 국가 정책이 소수의 지도층과 특권층에 유리한 방향으로 만들어져 있습니다. 독재자에게는 아무래도 지지 세력인 승리자 연합을 우선 챙기는 것이 정권 유지에 유리하죠. 그래서 독재 국가는 민주 국가와 비교해서 상대적으로 소수 특권층의 이익만을 챙기는 사적 재화private goods 중심으로 정책 방향을 잡습니다. 국가 전체와 국민이 골고루 혜택을 받는 공공재public goods 중심 정책은 외면받기 일쑤입니다. 국가 자원과 예산을 특정 그룹에 집중해서 혜택을 누리게 하고 정권에 대한 충성과 지지를 공고히 합니다.

선출권자 집단과 승리자 연합의 규모가 매우 큰 민주주의 국가에서는 지도층과 특권층만 혜택을 누리게 하는 정책을 펼치기가 상대적으로 매우 어렵습니다. 가장 많은 표를 얻으려면 가장 많은 수의 유권자를 만족시켜야 합니다. 그러려면 정부 정책이 되도록 많은 사람에게 혜택을 줄 수 있는 방향으로 수립되고 이행되어야 합니다. 따라서 민주주의에서 정치 지도자들은 공공재 우선 정책을 수립할 수밖에 없고, 국가 예산을 교육, 연구, 사회 간접 자본 및 산업 기반 시설 확충, 복지, 방위 등에 투입하게 됩니다. 이러한 것들은 궁극적으로 나라의 장기적 사회, 경제 발전에 크게 도움이 되는 것들입니다.

셀렉토레이트 이론이 설명하는 민주 정부와 전제 정부의 경제 발전 차이를 가장 잘 드러내는 대비는 남한과 북한의 경제 수준일 겁니다. 남한은 1987년 민주화 이후 몇 차례 위기를 겪으면서도 자유 민주주의 시장 경제 체제를 지속해서 발전시키고 있습니다. 2022년 현재 세계 제10대 경제 강국이 되었고요, 국제 무역 규모는 이탈리아와 영국을 제치고 세계 제8위까지 올라섰습니다. 반면에 북한의 경제 규모는 남한의 약 54분의 1 수준, 1인당 국민 소득은 약 27분의 1 수준입니다. 1970년대 이전까지만 해도 북한의 경제 수준은 남한을 앞섰습니다. 그러다 1970년대 중반 이후 남북한 경제 역전이 일어나기 시작해 오늘에 이른 거죠.

세계에서 가장 가난한 국가 중 하나인 북한에도 경제적 풍요를 누리며 잘 사는 특권 계층이 있습니다. 이들 대부분은 수도인 평양에 거주하는 시민입니다. 북한의 중앙 정부가 위치한 평양은 아무나 거주할 수 없는 특권 도시입니다. 북한의 국가 지도자는 선거나 다른 민주적인 절차에 의해 선출되지 않습니다. 우리 모두 잘 알듯이 3대 세습 독재 체제죠. 김일성, 김정일, 김정은의 세습 독재를 유지하려고 소수의 특권층으로 지지 그룹을 결성하고, 철저하게 관리합니다. 특권 지지층은 김정은 정권을 적극적으로 수호하고, 그 대가로 정치, 사회, 경제적 특권과 지위를 누립니다. 북한 정부는 김정은과 특권층의 권력과 부, 사치를 위한 사적 재화 창출에 정책 초점을 맞추고, 대다수 인민이 혜택을 누릴 수 있는 공공재 창출에는 상대적으로 무관심합니다.

공공재보다 사적 재화 창출에 초점을 맞추는 정책 방향은 장기적이고 지속적인 경제 성장을 점점 더 어렵게 만듭니다. 국가는 점점 더 가난해지고, 국가 재원은 점점 더 부족해지죠. 특권층의 혜택을 줄일 수는 없기에 가용 가능한 국가 재원 중 더 많은 비율을 특권층을 위해 쓰고, 가난한 인민을 위한 공공재는 더욱더 줄어드는 악순환에 빠집니다. 이것이 오늘날 북한이 당면한 현실입니다.

# 중국의 예외적인 경제 성장

　민주 국가보다 훨씬 승리자 연합의 크기가 작은 중국의 경제 성장은 어떻게 설명할 수 있을까요? 중국은 1978년 덩샤오핑의 개혁 개방 정책 이후부터 지금까지 30년 넘게 연평균 10% 가까이 성장하고 있습니다. 2010년대 이후 중국 성장률은 7%대로 떨어지기 시작했고, 최근에는 5~6%의 성장률을 보입니다. 성장세가 많이 둔화했지만, 2010년대 이후 세계 경쟁 성장률이 2~3% 대인 것을 감안하면 여전히 높은 수준의 경제 성장률입니다. 여기서 주목해야 할 것은 무엇일까요?

　첫째, 예외는 예외일 뿐입니다. 일당 독재 국가인 중국의 경제 성장률이 아무리 높다 한들 민주 국가가 비민주 국가보다 더 지속해서 산업과 경제를 발전시켜 왔던 사실을 무효화하지는 못합니다.

둘째, 경제 성장에는 정치 제도만이 아니라 다른 여러 가지 주요 요인, 곧 인적 자본, 과학 기술, 무역, 자연 자원, 문화 자본, 지리 환경, 인구 구성, 국제 정세 등이 작동해 영향을 미칩니다. 중국의 경제 성장은 풍부한 인적 자본과 자연 자원, 값싼 노동력, 빠르게 성장하는 주변 국가, 일본을 대체할 국제 자본주의 시장의 새로운 공급자 필요성 등 여러 가지 내재적 요인과 외부적 환경이 유리하게 맞물려 가능했습니다.

셋째, 중국이 빠르게 성장을 이루었지만, 이미 10여 전부터 경제 성장 속도가 꺾여 점점 더 느려지고 있음을 주목해야 합니다. 덩샤오핑이 집권하고 처음 개혁과 개방을 통한 경제 성장 정책을 시작했던 것은 1978년입니다. 그 이전에는 독재자 마오쩌둥의 대약진운동과 문화혁명의 연이은 실패로 경제가 파탄 나고, 중국은 세계에서 가장 가난한 국가 중 하나가 됐습니다. 1978년 당시 중국의 일 인당 GDP는 156달러로, 2022년 가치로는 700달러에 해당합니다. 중국민 한 사람의 연평균 소득은 현재 우리 돈 85만 원에도 못 미치는 액수로(원-달러 환율 1,200원 기준), 한 달에 7만 원도 못 벌었습니다. 이렇게 가난한 경제에서 일단 경제

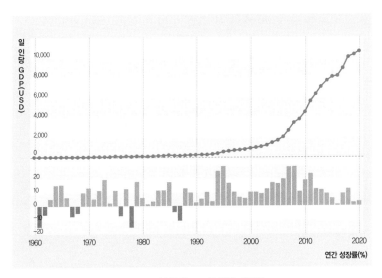

그림 7 ◆ 일 인당 GDP와 연간 성장률

개혁이 제대로 착수되고 진행될 수만 있다면 빠른 성장은 그다지 놀라운 일이 아닙니다. 한 달에 10만 원 이하만큼만 일하고 벌던 사람이 월 100만 원까지 수입을 올리는 것은 일의 양을 늘리는 것만으로도 얼마든지 가능합니다.

중국도 이전과 같은 경제 성장률을 보여 주기란 쉽지 않습니다. 중진국 함정middle income trap에 빠져 영영 선진국이 되지 못할 수 있습니다. 가난했던 개발 도상국이 초기에 빠르게 성장하여 중진국 수준까지 진입한 예는 드물지 않죠. 그러나 어느 정도 성장을 이루면 비용 증가와 경쟁력 약화로 대부분이 선진국에 진입하지 못합니다. 제2차 세계 대전 이후 중진국 함정을 벗어나 선진국 대열에 성공적으로 합류한 예는 한국과 대만 정도밖에 없습니다. 두 국가 모두 중진국 단계에서 민주화를 이루었고, 지속적인 정치 경제 제도 개혁을 통해 민주주의와 자본주의 시장 경제 체제를 성공적으로 정착해 선진국 대열에 합류할 수 있었습니다.

정치경제학자 대런 애쓰모글루Daron Acemoglu, 1967~와 제임스 로빈슨James Robinson, 1960~의 책《국가는 왜 실패하는가Why Nations Fail》가 이 점을 잘 설명합니다. 국가의 정치경제 제도가 민간과 기업의 혁신을 충분히 보장하지 못하면 중진국에서 선진국으로 넘어가기 어렵습니다. 중국은 여전히 민간의 창의성과 혁신성을 억압하는 전제주의적 정치경제 시스템을 유지하고 있으므로 중진국 함정을 벗어나기 쉽지 않을 것으로 보입니다.

미국의 중국 경제 전문가 베리 노튼Berry Naughton 교수도 저서《중국 경제The Chinese Economy》에서 비슷한 견해를 피력합니다. 중국의 경제 성장은 이전 경제 수준이 너무 낮았기 때문에 값싸고 풍부한 노동력의 투입만으로도 가능한 것에 불과합니다. 지금까지의 혁신은 도시화, 산업화, 빈곤 타파 과정에서 부분적으로 일어났을 뿐이고, 사회 전체를 진일보해 선진국을 따라잡을 만한 전면적인 기술 혁신은 일어나지 않았다고 평가합니다.

개발도상 초기에는 국가가 주도해 경제 개발을 계획하고 사회 전체에 경제 성장 동력을 걸어 이끌어 가는 것이 효과적일 수 있습니다. 따라서 국가 통제와 획일적인 통치를 특징으로 하는 전제주의 정부가 초기 국가 경제 성장에 힘을 발휘할 수 있습니다. 그러나 중진국을 벗어난 선진국 수준의 기술 혁신은 민간의 창의성과 자율적인 혁신에서 나옵니다. 이 민간의 창의성과 혁신성은 풍요롭고 자유로운 사회 환경 속에서 발휘되기 마련이고요.

넷째, 중국이 빠른 경제 성장으로 미국에 이어 세계 제2위의 경제 규모가 됐고, 중진국 수준에 도달했습니다. 하지만 14억 인구의 중국 경제 규모는 3억 3천만 인구의 미국 경제 규모의 약 65% 수준이며, 일 인당 GDP는 78~80위 정도입니다. 국가는 강대국이지만, 국민 대부분은 여전히 부유하지 않고 빈부 격차도 극심합니다.

파리 경제학교Paris School of Economics의 《2022년 세계 불평등 보고서World Inequality Report 2022》에 따르면, 세계 하위 50% 사람들의 연평균 소득이 4천 달러에 불과합니다. 월 소득으로는 매달 333달러

정도입니다. 중국은 이 불평등 문제가 더 심각해 보이는데요. 중국 당국조차도 이 문제로 골머리를 앓고 있음을 스스로 토로할 정도입니다. 2020년 5월 제13기 전인대 제3차 전체 회의 폐막 후 내외신 기자회견에서 중국 총리 리커창은 약 6억 명(인구의 약 43%) 정도의 중국인이 매달 1천 위안(당시 원화로 약 17만 2,700원) 정도의 소득밖에 못 얻는다고 말했습니다. 이 정도의 소득으로는 중국 중간 규모 도시(인구 50만~100만)에서 집세를 내기조차 힘든 수준이라 합니다.

종합하면, 중국의 빠른 경제 성장은 예외적인 경우일 뿐이지, 일반적으로 민주주의 정치 제도가 전제주의 체제보다 장기적이고 지속적인 경제 성장에 유리하다는 보편 이론과 주장을 전혀 무효화하지 못합니다. 오히려 중국이 중진국에서 선진국으로 도약하려면 민주화가 필수 불가결한 요소로 보이기까지 합니다. 그러나 중국 공산당이 일당 독재를 포기하고 정치, 사회, 경제 전반에 걸쳐 자유화와 민주화를 자발적으로 진행한다는 것은 거의 상상하기조차 어려운 일로 보입니다. 그것은 아마도 중국 경제가 중진국 함정을 벗어나 선진 경제를 이루는 것보다 더 어려울지도 모릅니다. 중국은 앞으로도 여전히 강대국으로 남아 있겠지만, 세계를 선도하는 패권 국가가 되기는 힘들 것으로 생각합니다.

# 8장

# 민주주의와 평화

# 평화 지대와 민주 평화

안정적이고 민주적인 정치 제도는 경제 발전에 도움이 될 뿐 아니라 국가를 대규모 살상과 폭력적인 사회적 혼란으로부터도 자유롭게 합니다. 오늘날 발달한 민주주의 국가 중에서 내전, 쿠데타, 반란 같은 집단화되고 조직화된 폭력으로 고통받는 국가는 하나도 없습니다. 사회적 혼란과 정치적 폭력의 원인이 되는 기근, 빈곤, 질병, 비위생, 민족 갈등, 인권 유린, 계급 차별, 상대적 박탈 등으로부터도 안전하고요. 선진 민주 국가 사람들은 비교적 높은 수준의 교육, 의료, 보건, 복지, 치안, 사회 안전망의 혜택을 누리며 살아가고 있습니다.

거의 모든 선진 민주주의 국가들은 OECD에 속해 있으며, 호주와 뉴질랜드를 포함한 몇몇을 제외하고는 모두 지구 북반구에 있습니다. 반면에 정치, 경제, 사회적 문제로부터 고통받는 국가 대부분은 지구 남반구에 있습니다. 북반구에서도 남쪽에 있는 중앙아시아, 동남아시아, 중남미 국가는 정치적 불안정과 경제적 어려움으로부터 상대적으로 덜 자유롭죠. 정치적 안정과 경제적 풍요, 잘 발달한 복지 시스템과 사회 안전망을 갖춘 선진 민주주의 국가는 대부분 서유럽, 북미, 동아시아, 오세아니아에 집중되어 있고, 이 지역을 통틀어 '평화 지대^Zone of Peace'라고 부르기도 합니다. 북반구와 남반구 국가 간 격차, 북반구 내에서도 상대적으로 더 북쪽에 있는 국가와 남쪽에 있는 국가 간 격차를 국제 정치 경제의 남북 문제^the North-South Problem of International Political Economy라고 부릅니다. 물론 오세아니아의 호주와 뉴질랜드는 남반구 국가지만, 국제정치경제학적 개념상 북반구 국가로 간주합니다.

**그림 8**은 2022년을 기준으로 내전이 진행 중인 국가 명단입니다. **그림 9**는 남북 문제를 세계 지도로 표시한 거고요.

평화 지대는 국내 안정과 번영, 평화를 넘어 민주 국가 간의 평화롭고 상호 의존적 국제 관계까지 포함하는 확장적인 개념입니다. 히브리 대학 아리 카코위츠^Arie Kacowicz가 처음으로 이 개

| 국가 | 명칭 | 내전 시작일 |
|---|---|---|
| 미얀마 | 미얀마 내전 | 1948년 4월 2일 |
| 인도네시아 | 서파푸아 분쟁 | 1963년 |
| 앙골라 | 카빈다 분쟁 | 1975년 |
| 소말리아 | 소말리아 내전 | 1989년 |
| 콩고민주공화국 | 이투리 분쟁 | 1999년 |
| 수단 | 다르푸르 분쟁 | 2003년 2월 26일 |
| 시리아 | 시리아 내전 | 2011년 3월 15일 |
| 말리 | 말리 내전 | 2012년 1월 16일 |
| 중앙아프리카공화국 | 중앙아프리카공화국 내전 | 2012년 12월 10일 |
| 우크라이나 | 돈바스 전쟁 | 2014년 4월 6일 |
| 예멘 | 제2차 예멘 내전 | 2014년 9월 16일 |
| 부르키나파소 | 지하디스트 내란 | 2015년 8월 23일 |
| 카메룬 | 앵글로폰 위기 | 2017년 |
| 모잠비크 | 카보 델가도의 내란 | 2017년 |
| 이라크 | ISIL 내란 | 2017년 12월 9일 |
| 에티오피아 | 티그레이 전쟁 | 2020년 |
| 나이지리아 | 나이지리아 남동 지역 반란 | 2021년 |

그림 8 ◆ **2022년 내전 국가**

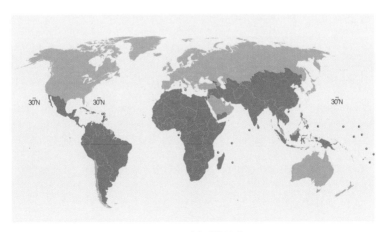

그림 9 ◆ **세계 남북 문제**

념을 민주 국가 간의 평화로운 관계에 빗대어 사용했습니다.

민주 국가 간 평화로운 국제 관계 자체는 '민주 평화Democratic Peace'라고 부릅니다. 민주 평화는 정치학 국제 관계 분야에서 지난 약 40년간 가장 많이 연구된 주제입니다. 기본적으로 '민주주의 국가는 서로 전쟁하지 않는다Democracies do not fight each other'라는 명제이자 오늘날 국제 관계에서 실제 일어나고 있는 현상이기도 합니다. 제2차 세계 대전 이후 냉전 시대를 지나 탈냉전 지구화 시대인 현재에 이르기까지, 민주주의가 성숙하고 잘 발달한 국가들끼리 전쟁을 한 경우는 단 한 번도 없었습니다.

전쟁 관련 학술 데이터 수집으로 세계에서 가장 권위 있는 코릴레이츠 오브 워Correlates of War, COW, www.correlatesofwar.org 프로젝트에 따르면, 1948년 이후 지금까지 국가 간 전쟁은 약 80여 차례 있었습니다. 전쟁 대부분이 민주 국가 대 비민주 국가 혹은 비민주 국가 대 비민주 국가 간에 일어났고요. 하나의 예외가 될 만한 사례가 1999년 인도와 파키스탄 간 카슈미르 영토 분쟁 가운데 일어난 카길 전쟁Kargill War입니다. 파키스탄은 1988년 민주화를 이루었지만 민주주의가 온전히 뿌리내리지 못했고, 결국 1990년 중반 이후 쇠퇴해 다시 비민주주의 국가로 전환됐습니다. 2010년에야 비로소 폴리티 프로젝트의 민주주의 척도

(-10~10) 최저 기준인 6점을 충족하는 민주주의로 전환했습니다. 인도는 파키스탄보다 오랜 기간 민주주의 선거 제도를 유지해 왔습니다. 하지만 여전히 계급 차별, 빈곤, 부정부패 등이 만연하고 민주주의 문화가 사회 전반에 제대로 뿌리 내리지 못한 나라입니다. 이 두 국가 모두 국가 경제 및 국민 생활 수준이 다른 선진 민주 국가보다 상당히 낙후되어 있습니다. 따라서 카길 전쟁을 민주주의 국가 사이에서 벌어진 전쟁으로 보기에는 무리가 많습니다.

# 민주 평화의 원인

　민주주의는 왜, 어떻게 국가 간 분쟁을 줄이고 국제 관계를 평화롭게 할까요? 민주주의와 평화의 인과 관계를 설명하기 위해 상당히 많은 이론적 탐구와 학문적 시도가 있었습니다. 세세한 이론적 설명이 많지만, 크게 세 가지 이유로 나눌 수 있습니다.

　첫째, 민주주의의 정책 결정 과정과 절차는 복잡다단하다는 것입니다. 전쟁 개시와 진행에 관한 결정은 즉각적이고 신속하게, 때로는 비밀리에 이루어져야 할 때가 많습니다. 민주주의의 구조적 복잡성과 투명성은 외교 분쟁에 있어 물리력과 군사력을 자주 수단으로 이용하기 어렵게 만듭니다. 민주 국가에서는 권력이 분립됐고, 견제와 균형이 작동하며, 강력한 야당이 존재하고, 감시하는 언론이 있습니다. 이처럼 최종 정책 결정까지 수많은 정치적, 사회적, 행정적 절차를 투명하게 거쳐야 하므로, 전쟁 개시와 같은 중요한 국가 중대사를 함부로 결정할 수 없습니다. 분쟁 당사자가 모두 민주 국가라면 복잡성과 무력 사용의 제약은 배가되겠죠. 이것이 민주 국가 사이의 전쟁 발발을 매우 어렵게 만듭니다.

둘째, 민주주의의 실행 특징이 갈등과 분쟁을 비폭력적 수단으로 해결하는 데 있다는 겁니다. 이를 평화적 갈등 해결의 규범 Norm of Peaceful Conflict Resoultion이라 부릅니다. 민주주의 국가에서는 권력 투쟁을 하든 의견 대립을 하든, 반드시 평화적이고 합법적인 방법으로 해결해야 합니다. 폭력적인 수단에 의존해서는 권력을 쟁취하거나 원하는 목적을 얻는 것이 불가능합니다. 이렇게 비폭력적이고 평화적인 방식으로 습관화되고 사회화된 민주주의 정치 지도자들은 국제 무대에 나아가서도 평화적 규범을 확장해 적용하려 노력하겠죠. 특히 민주 국가끼리 국제 무대에서 만났을 때는 상대도 민주주의 평화 규범이 습관화되고 사회화된 것을 알고 있습니다. 따라서 서로서로 분쟁을 평화적으로 해결할 것이라는 기대와 신뢰가 있을 겁니다. 실제 많은 데이터 분석에 의한 실증적 연구가 민주 국가끼리는 국제 분쟁을 폭력으로 악화하지 않고 평화적인 방법으로 해결하는 경향이 강하다는 것을 밝혀냈습니다. 이렇게 국내 정치적 규범과 실천을 국제 정치 무대에 확대 적용하는 것을 외연적 확장the externalization of domestic norms and practices이라 부릅니다.

셋째, 민주 평화는 공공 동의 혹은 대중 동의public consent 원리 덕분이기도 합니다. 대중 동의 원리란 민주 국가의 주요 정책 결정은 결국 대중의 판단과 평가를 받게끔 되어 있다는 것을 말합니다. 대중 동의 여부는 정책 결정 과정에 반영되기도 하고, 정책이 결정되고 실행된 후 결과에 대한 평가로 나타나기도 합니다. 전자를 사전 동의, 후자를 사후 동의라 부릅니다. 민주주의에서는 대중 동의가 매우 중요하기에, 우리나라 중앙 정부나 지방 자치 정부도 새로운 정책을 추진하기 전에 대부분 주민 의견 수렴이라는 형식의 사전 동의 절차를 밟습니다. 사전 동의를 받으면 정책이 실패했을 때, 그렇지 않은 경우보다 상대적으로 덜 비판받을 수 있기 때문입니다. 사후 동의는 주로 선거를 통해 이루어집니다. 집권 세력의 정치와 정책이 만족스럽지 못했다고 판단되면 그들이 또다시 선거에서 승리할 확률이 희박해지죠.

다시 민주 평화로 돌아와서, 군사 분쟁과 전쟁은 일반 대중의 필요와 바람보다는 정치 지도자의 야욕과 선동, 동원 때문에 일어나는 경우가 대부분입니다. 왕, 대통령, 수상, 장관, 국회의원, 심지어 장군도 전쟁에서 직접 희생할 때가 거의 없습니다. 반면 대중은 전쟁 물자를 내주어야 하고, 더 많은 세금을 내야 합니다. 전쟁터에 나가 직접 싸우고 다치고 죽는 것은 보통 사람의 아들딸이죠. 온갖 전쟁의 폐해와 고초를 겪고 후유증에 시달리는 것도 대중입니다. 따라서 대중은 정치 엘리트와 사회 지도층보다 전쟁을 더 혐오하고 더 무서워합니다. 적어도 전쟁을 덜 좋아하고 덜 열광합니다.

일반 대중의 동의가 중요한 민주주의에서는 정책 결정자가 대중 동의 없이 함부로 전쟁에 돌입할 수는 없을 겁니다. 상대 민주주의 국가도 마찬가지입니다. 동의 없이 전쟁을 일으키기 힘들뿐더러, 그랬다간 나중에 크나큰 정치적 치명타를 입겠죠. 따라서 민주 국가는 꼭 필요한 전쟁, 납득할 만한 전쟁, 비교적 쉽게 이길 만한 전쟁만 하는 경향이 있다고 민주 평화론 학자들은 주장합니다. 실제로 데이터 분석 검증에 의하면, 민주 국가는 서로 전쟁을 하지 않을 뿐 아니라, 전쟁을 할 때는 쉽게 이길 확률이 높은 전쟁만 하는 것으로 나타났습니다. 전쟁 데이터상으로, 민주 국가와 비민주 국가 간 전쟁에서 민주 국가가 거의 90%에 가까운 압도적인 승률로 우세한 것으로 나타났습니다.

또 민주 국가가 연루된 전쟁이 그렇지 않은 전쟁보다 상대적으로 빠른 기간에 종료되며, 희생자도 더 적게 발생하는 것으로 나타납니다. 민주 국가와 비민주 국가의 이러한 차이는 통계적으로 매우 유의미하게 나타납니다. 즉 과학적으로 신빙성이 높은 검증된 결과라 할 수 있습니다.

# 자유주의 평화와 칸트의 트라이앵글

　민주주의 국가 간 전쟁이 흔하지 않을 것이라는 이론적 예측의 연원은 200년도 더 거슬러 올라갑니다. 바로 1795년 임마누엘 칸트Immanuel Kant, 1724~1804가 쓴 《영구평화론Perpetual Peace》에서 찾을 수 있죠.

　칸트는 인민의 자유와 그들의 동의를 기초로 하지만, 훈련된 정치 엘리트가 인민을 대신해 통치하는 반독재 공화제 정치 체제(오늘날의 대의 민주주의)가 생기고, 전 세계에 확산해 국제 평화를 이루는 초석이 될 것이라고 주장했습니다. 칸트는 자유주의 공화제, 공화제 국가 간 자유로운 왕래와 교류, 이들이 함께 모여 만들어 갈 자유주의 국가 연합이 궁극적으로 인류 역사가 향해 갈 지구적 운명이라고 주장했고요. 이 세 가지 요소는 자유주의 국가 간의 영구적 평화를 가능하게 할 것으로도 예언했습니다.

앞으로 소개할 미국 국제 정치학자 브루스 러셋Bruce Russett, 1935-2023과 존 오닐John R. Oneal이 말한 것처럼, 자유주의 공화제는 오늘날 대의 민주주의, 국가 간의 자유로운 교류는 국제 무역, 자유주의 국가 연합은 국제기구에 해당한다고 할 수 있습니다.

칸트의 주장이 놀라운 건 제대로 된 민주주의 국가가 하나도 없었던 시대에 민주 공화국의 출현과 확산 그리고 평화로운 국제 관계를 예측했다는 것입니다. **그림 10**에서 초록색으로 표시되는 민주주의 국가의 수는 중간중간 부침은 있었으나 계속 우상향해서 증가했습니다. 전제주의 국가의 수는 두 차례의 세계 대전 이후 독립한 국가가 늘어 감에 따라 가파른 증가세를 보이다 1990년대 초 소련 붕괴와 독일 통일을 기점으로 한 냉전의 종말과 함께 확연히 줄어들었습니다. 국제 무역의 추이는 더 놀랍죠? **그림 11**을 보면 1950년을 기점으로 해마다 기하급수적인 증가세를 나타냅니다. 2010년대를 기점으로 증가세는 주춤한 모습이지만, 국제 무역이 중요하지 않게 됐다는 것은 아닙니다. 그동안 너무 빠르게 증가했기 때문으로, 어느 정도 적정 수준에 도달했을 가능성이 더 크죠. 마지막으로 국제기구도 1850년 이후

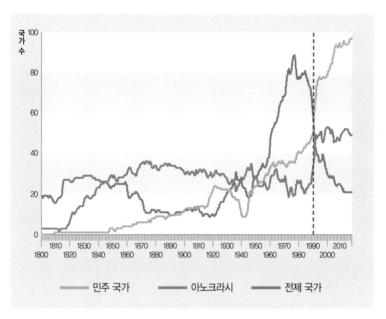

그림 10 ◆ 19세기 이후 국가 체제별 숫자의 변화

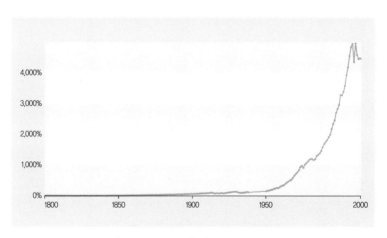

그림 11 ◆ 19세기부터 현재까지 국제 무역 추이

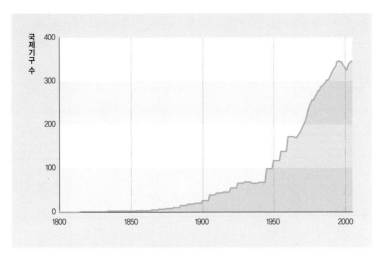

그림 12 ◆ 1850년부터 2000년까지 국제기구 숫자 변화

꾸준히 증가하다가 1950년을 전후로 2000년 전후까지 급속도로 증가했습니다. 이렇게 칸트 이후 세상은 칸트가 주장하고 예측한 모습대로 계속해서 변했습니다.

### 칸트의 트라이앵글

칸트의 《영구평화론》이 출판된 지 200년 넘게 흘러 21세기에 접어들었습니다. 미국의 브루스 러셋 예일대 교수와 존 오닐 앨라배마대 교수는 이 책의 이론적 가치와 실재성을 근현대 국제 정치의 역사와 현실에 비추어 종합적, 이론적으로 재해석하고 실증적으로 재평가하는 작업을 진행하며, 수많은 연구 논문을 발표했습니다. 두 사람은 이 작업을 모아 2001년 한 권의 책으로 정리했습니다. 책 제목은《평화의 삼각 구도<sup>Triangulating Peace</sup>》입니다.

19세기 초부터 20세기 말에 걸친 국제 관계 데이터에 기반한 러셋과 오닐의 과학적 통계 분석을 살펴보겠습니다. 세상의 모든 국가를 하나하나의 쌍으로 짝지어 놓고 비교할 때 두 국가 사이의 (1) 민주주의 수준, (2) 무역을 통한 경제적 상호 의존, (3) 공통으로 가입한 국제기구의 수 등이 증가할수록 두 국가가 서로를 향해 군사 분쟁 및 전쟁을 벌일 확률이 낮아지는 것으로 나타났습니다. 러셋과 오닐의 책을 계기로 국제 정치학자들은 세 변수와 이를 중심으로 한 국제 평화를 총칭해 칸트의 트라이앵글<sup>Kantian Triangle</sup>이라 부르기도 합니다. 그리고 칸트의 트라이앵글의 평화 촉진 효과를 총괄해 민주 평화보다 더 확대된 '자유주의 평화<sup>liberal peace</sup>'라 부릅니다.

브루스 러셋과 존 오닐 교수 이후, 더 정교하고 세밀한 후속 연구들이 이어져 자유주의 평화의 다양한 면모를 밝혔습니다. 이 책을 쓰고 있는 저도 자유주의 평화를 연구하는 학자입니다.

자유주의 평화만 연구하는 것은 아니지만 주된 연구 분야 중 하나고요, 세계적으로 저명한 학술지에 관련 논문도 수차례 게재했습니다. 러셋과 오닐 교수의 책 이후 자유주의 평화에 관한 연구가 이어졌는데요, 양도 방대하고, 새로 밝혀진 사실도 많습니다. 이제부터 칸트의 트라이앵글 제1요소 민주주의를 중심으로 제2와 제3요소가 어떻게 상호 작용해 국제 평화에 이바지하는지, 비교적 최근에 밝혀진 사실들만을 요약해 소개하겠습니다.

제1요소 민주주의 칸트의 트라이앵글 제1요소인 민주주의는 21세기에도 계속해서 평화를 이끄는 힘으로 남아 있을까요? 민주 평화에 대한 주요 비판 중 하나는 민주 평화가 단순한 냉전의 부산물로, 냉전 시대의 동서 대결이 우연히 만들어 낸 결과일 뿐이라는 겁니다. 이러한 주장을 펼치는 학자로는 프린스턴 대학의 조안느 고와Joanne Gowa와 시카고 대학의 존 미어샤이머John Meresheimer 교수가 있습니다.

1945부터 1989년까지 지속한 냉전에서 세계는 소련 중심의 동구권과 미국 중심의 서구권으로 갈라져 경쟁했습니다. 서방 진영에 속한 영국, 프랑스, 서독, 이탈리아, 네덜란드, 캐나다, 벨기에 등등 대부분의 국가는 자본주의 시장 경제와 민주주의 정치 체제를 채택하고 있습니다. 그리고 서방 진영에 속한 국가를 제외하고는 냉전 당시 민주주의 정치 체제를 지속해서 유지한 국가가 흔하지 않았습니다. 동구권에 속한 모든 국가는 공산주의 계획 경제와 전제주의적인 일당 독재 체제를 채택하고 있었습니다. 이들 몇 안 되는 민주주의 국가들이 서로 전쟁하지 않고 협력한 이유는 무엇일까요? 민주주의 정치 체제만이 갖는 독특한 평화 증진 효과 때문이라기보다는 소련을 위시한 공산주의 진영이라는 공동의 적이 존재했기 때문일 수 있습니다.

제가 미시시피 주립대학 교수로 재직할 때 바로 이 점에 대해 문제의식을 갖고, 민주 평화론을 재평가하고 검증하는 작업을 수행했습니다. 이 작업의 결과물은 2013년 국제 저명 학술지인 〈분쟁 관리와 평화 과학Conflict Management and Peace Science〉에 게재됐습니다. 만약 민주 평화가 단순히 냉전의 부산물이라면, 냉전 이후에는 민주 평화가 더는 존재하지 않고 사라질 겁니다. 냉전 이후인 1990년부터 당시 최대로 가용 가능한 2001년까지의 국제 관계 및 전쟁 데이터를 이용해 냉전 이후 민주 평화의 존재를 검증했습니다. 이 연구에서 밝혀진 결과에 따르면, 민주주의 국가 사이의 군사 분쟁과 전쟁은 냉전 후 20년 동안에도 계속해서 확률적으로 낮다고 나타났습니다. 후속 연구에서는 탈냉전 기간을

2010년까지 연장해서 살펴보았는데, 여전히 민주 평화는 통계적으로 유의미한 현상으로 증명됐습니다.

제2요소 국제 무역에 의한 평화 칸트의 트라이앵글 제2요소인 국제 무역에 의한 평화도 민주 평화만큼은 아니지만 상당히 많은 학술적 주목을 받았습니다. 많은 연구가 이루어졌는데, 문제는 연구 방법, 연구 시대 범위, 연구 디자인 등에 따라 결과가 다르게 나타났다는 겁니다. 연구 중 상당수가 러셋과 오닐의 주장 및 발견과는 달리, 국가가 서로 무역을 많이 하든, 적게 하든 그것이 서로 무력 충돌을 하느냐 안 하느냐와는 별개의 현상인 것으로 보고합니다. 심지어 꽤 여러 연구가 무역이 더 많은 군사 분쟁을 일으킨다고 밝혔습니다.

이렇게 불일치하는 연구 결과에 의문을 품은 학자들은 국제 무역이 국제 관계에 미치는 영향이 국가 정치 체제에 따라 다르게 나타날 수 있는 뉘앙스에 주목했습니다. 국제 무역의 평화 증진 효과는 바로 민주 국가 사이에서만 나올 수 있다는 것입니다. 평화롭게 분쟁을 해결하는 데 익숙하지 않은 국가에게는 대외 무역과 해외 경제 의존도가 오히려 더 많은 국제 분쟁 및 전쟁의 씨앗이 될 수 있습니다.

국가 경제의 무역 의존도를 높인다는 것은 국제 시장에서 더 개방적인 국가가 된다는 것으로 볼 수 있습니다. 하지만 한편으로 국가 경제가 외부 환경에 더욱 많이 노출되고 취약해지는 불안 요소가 되기도 합니다. 무역 교류가 활발한 국가 사이에 정치적 이슈나 갈등이 생길 때 어느 한쪽에서 상대의 무역 의존도 취약성을 노려 곤경에 빠뜨리려고 시도할 수 있습니다. 다른 쪽에서도 맞대응 작전으로 대처하기에 십상이고, 양국 갈등은 더욱 심화돼 무력 충돌에까지 다다를 수 있습니다. 또 수많은 경제 교역과 왕래는 많은 무역 갈등을 일으키고, 무역 분쟁국들은 이 갈등을 폭력적인 방법에 의존해 해결하려 들 수 있습니다. 대외 의존도가 상대적으로 높은 경제의 국가는 전쟁을 일으켜서라도 원재료, 필수품, 자원, 상품 시장 등을 지속적이고 영구적으로 확보하려는 욕망을 키우기도 합니다.

무역과 대외 의존도가 평화보다 전쟁 가능성을 높일 수 있는 예는 제2차 세계 대전을 일으킨 독일과 일본에서 찾을 수 있습니다. 제2차 세계 대전이 발발한 1930년대 말, 세계에서 가장 공격적인 외교 정책을 추진했던 독일과 일본은 당시 가장 해외 경제 의존도가 높은 국가였습니다. 오랫동안 자급자족 경제 정책을 추구했음에도, 특히 필수 원자재에 대한 해외 의존도가 심각한 수준이었고요. 비교적 최근인 2016년 한반도 사드THAAD 배치 결정 후 있었던 중국의 한한령 보복 조치 역시 상대국의 무역 의존도를 정치적 이슈에 대입해 악용한 사례입니다. 미군의 한국 내 사드 배치가 위협과 도전이 된다고 생각한 중국 정부는 이를 허용한 한국에 경제 보복 조치로 한한령을 내립니다. 한한령은 금한령 혹은 한류 금지령이라고 불리는데, 중국 내에 한국 콘텐츠 및 문화 상품의 소비와 향유를 금지한 거죠. 이러한 제재는 단순히 드라마, 예능, K-Pop과 같은 한류 문화 상품뿐만 아니라 화장품, 식품, 각종 공산품에까지 포괄적으로 적용했습니다. 이 여파로 많은 한국 기업들이 사업부와 공장을 중국에서 완전히 철수했습니다. 예를 들어 2017년 이마트, 2018년 5월 롯데마트가 중국에서 완전히 철수했고, CJ ENM은 중국 사업 법인 두 곳 중 하나를 중국 진출 15년 만인 2020년 9월에 완전히 청산했습니다. 중국 정부의 노골적인 경제 보복은 한중 관계는 물론, 남북 갈등을 악화하고 한반도 평화와 동북아 안정도 위태롭게 만드는 것입니다.

무역이 국가 간 평화를 증진시키는 요인으로 작용하려면 무엇이 필요할까요? 칸트가 말한 사람과 문화의 자유로운 교류와 상호 호의성은 기본적으로 자유주의 공화제 국가 사이에서 일어날 수 있는 세계 시민적 연대 의식을 전제로 합니다. 같은 맥락에서 미국 국제 정치학자 크리스토퍼 겔피Christopher Gelpi, 1966~와 조셉 그리코Joseph Grieco 교수의 2006년 연구는 무역이 국제 평화를 이끌어 내는 작용을 하려면 민주주의가 필수적인 요소라는 것을 통계 분석을 통해 밝혀냈습니다. 여러분이 지금 읽고 있는 이 책의 저자인 저 스스로도 관련 현상을 연구했는데요. 서울대학교 국제대학원 국제학연구소가 발간하는 영문학술지에 2018년 게재한 논문에서 국제 무역이 민주 국가 간의 관계는 더 평화롭게 만들어 주지만, 비민주 국가에는 군사 분쟁을 더 많이 일으킨다는 것을 통계적 분석으로 증명했습니다.

이 현상은 두 가지 연결된 논리로 설명할 수 있습니다. 첫째, 민주주의 국가는 상호 신뢰와 대화 및 협상을 통한 민주적인 갈등 해결의 원리를 국제 무대에도 적용해, 무역이 야기할지도 모르는 갈등 요소들을 극복합니다. 둘째, 이는 경제적 상호 의존이 군사 분쟁을 줄이고 평화를 증강하는 본래의 작동 원리가 온전히 발휘되는 바탕을 제공합니다. 전쟁으로 입게 될 경제적 기대 비용과 손실이 상호 경제 의존도가 높은 국가 사이에서 더 클 겁니다. 또 빈번한 경제 교류는 두 국가 사이에 상호 이해와 문화적 친근함을 가져다주겠죠. 이러한 경제적 상호 의존의 평화

작동 원리가 민주주의 특유의 상호 신뢰 문화와 갈등의 평화적
해결 규범과 만나야 제대로 된 효력이 발생하는 것입니다.

**제3요소 국제기구** 마지막으로 칸트의 트라이앵글 제3요소인
국제기구도 최근 연구에 따르면, 민주주의와 상호 작용해 국제
평화에 이바지하는 것으로 나타납니다. 러셋과 오닐 이후에 국
제기구의 평화 효과에 관한 후속 연구가 많이 이루어졌습니다.
상당수의 연구가 공통으로 국제기구가 많다는 이유만으로 국가
간의 사이가 더 좋아지거나 평화로워지는 것은 아니라고 밝히
고 있습니다. 러셋, 오닐과 후속 연구의 불일치한 발견을 좀 더
정밀하게 풀어낸 연구자가 미국 위스콘신 대학의 존 피브하우
스Jon Pevehouse 교수입니다. 그는 2002년부터 2011년까지 지속한
여러 연구에서 민주 국가의 회원 비율이 높고 민주주의 원칙에
부합하게 운영되는 국제기구가 국가 간 평화를 증진하는 효력
을 가지고 있음을 밝혀냈습니다.

정리하면 민주주의 정치 제도 자체는 독립적으로 국가 간의
평화를 증진하는 힘을 가지고 있지만, 칸트의 트라이앵글 다른
변수인 국제 무역을 통한 경제적 상호 의존과 국제기구는 제1변
수인 민주주의와 연계되어야만 국제 평화를 증진하는 효력이

발생합니다. 하나의 변수가 다른 변수와 연계해 상이한 효과를 나타낸 겁니다. 이를 '조건부 효과'라고 합니다.

조건부 효과 칸트의 트라이앵글 예와 같이 하나의 변수가 다른 변수와 연계해 상이한 효과를 나타내는 것을 개념적으로는 '조건부 효과'라고 합니다. 사회 현상과 요인을 숫자에 대입해 측정하고 통계적 방법으로 검증하고 추론하는 계량 분석(quantitative analysis)에서는 변인 간 통계적 상호 작용(statistical interaction)이라 합니다.

남성 탈모약이 쉬운 예입니다. 현재 과학적 통계 방법으로 효과가 검증된 두 가지 계열의 약이 있습니다. 하나는 피나스테리드 성분, 다른 하나는 두타스테리드 성분으로 만든 약입니다. 남성 탈모는 기본적으로 남성 호르몬 테스토스테론에서 전환된 DHT라는 물질 때문에 발생합니다. 이 두 약은 이 물질의 생성을 억제하므로 탈모를 방지하고 완화합니다. 이 약이 남성 대부분에서 비교적 큰 부작용 없이 효력을 나타내고 있다고 합니다. 그렇다면 여성도 탈모 치료에 이 약을 먹어도 괜찮을까요? 그렇지가 않습니다. 일부 여성은 효과를 볼 수도 있겠지만, 대체로 이 약을 함부로 먹었다가는 심한 부작용에 시달릴 확률이 매우 높습니다. 남성 호르몬에 의한 여성 탈모도 있지만, 여성의 탈모 원인은 남성보다 훨씬 다양하고 복잡합니다. 또 가임기 여성이나 임산부는 이 약을 만지는 것도 조심해야 합니다. 약 성분이 피부에 흡수되면 기형아 출산의 위험이 있으므로 각별히 주의해야 합니다.

이런 조건부 효과 혹은 통계적 변인 상호 작용의 원리는 우리 일상 대화에서도 많이 찾을 수 있습니다. "이거 먹어 봐 이게 남자에게 참 좋대", "이 음식은 여성에게 아주 좋습니다", "성장기 어린이에게 특별히 좋은 성분". 이런 식의 대화나 문구를 많이 들어 봤죠? 어떤 물질과 상황은 특정 사람에게는 약이 되지만, 어떤 사람에게는 독이 됩니다. 이렇게 물질, 화학 성분, 사회 변인의 효과가 사람이나 상황의 유형에 따라 다르게 나타나는 현상을 조건부 효과 혹은 통계적 변인 상호 작용이라 함을 잘 기억하면 좋겠습니다.

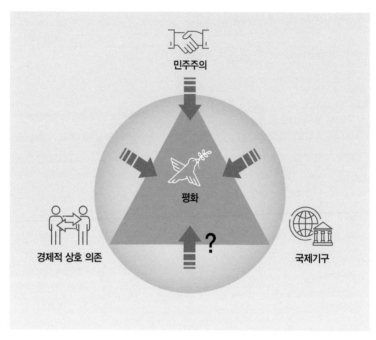

그림 13 ◆ 칸트의 트라이앵글

　다시 칸트의 트라이앵글로 돌아와서, 칸트의 세 변수 간 상호
작용 효과를 **그림 13**으로 표현했습니다. 민주주의의 독립적인 평
화 증진 힘, 경제적 상호 의존과 국제기구가 민주주의에 연계되
어서 발휘하는 평화 증진 힘은 이미 충분히 설명했습니다. 이 그
림을 그리고 나니 새로운 연구 주제를 떠올려 볼 수 있겠네요.
밑변의 경제적 상호 의존과 국제기구가 국제 평화에 미치는 상호 작용 효과는 어떨까 궁금해집니다. 세계에서 가장 유력한 국제기구 중 자유 무역 확산과 자본주의 시장 경제 발전을 주목적으로 삼는 경제 기구가 많이 있습니다. WTO<sup>World Trade Organization</sup>, World Bank, IMF<sup>International Monetary Fund</sup>, OECD 등이 우리가 흔하게 듣는 세계 경제 관련 국제기구입니다. 이런 국제기구들이 세계 평화에 미치는 영향은 어떨까요? 회원국 간 무역 비중이 높은 국제기구는 그렇지 않은 국제기구에 비해서 어떤 긍정적 영향을 국제 사회에 미칠까요?

여러분 중에 누군가가 미래의 정치학자가 되어 이러한 연구 문제들을 탐구해서 세계 평화와 발전에 학문적으로 이바지하는 날이 오기를 기대합니다.

# 인간은
# 정치하는 동물이다

우리 삶이 곧 정치입니다. 사람과 사람, 사람과 집단, 집단과 집단 사이에 일어나는 모든 일에 정치가 있습니다. 의도하든 의도하지 않든, 어떤 방식으로든 서로서로 영향을 주고받는 권력 관계가 형성되고 작동하기 때문입니다.

정치는 우리 삶 거의 모든 영역과 방식에 결정적인 영향을 끼칩니다. 대학에 가려면 무엇을 준비해야 하는지, 전세를 구하는 것이 나은지 집을 사는 것이 나은지, 은행에서 돈을 얼마나 빌릴 수 있는지, 상품과 서비스 가격을 얼마나 올릴 수 있는지, 복지 혜택을 누구에게 주어야 하는지, 신도시를 언제 어디에 얼마나 건설해야 하는지, 어떤 미래 산업을 육성해야 하는지, 의사와 변호사를 어떤 방식으로 선발해야 하는지, 군 복무 기간을 줄여야 하는지, 특정 상품과 소비에 관련된 세금을 늘려야 하는지, 재산 상속을 누구에게 얼마큼이나 할 수 있는지, 부동산과 주식 투자로 얻은 이익에 얼마큼의 세금을 징수해야 하는지, 은행 대출 이자율을 얼마로 해야 할지, 해외여행이 불가능한 나라는 어디인지 등등…….

즉 교육, 입시, 주거, 복지, 여가, 부동산, 소비, 투자, 금융, 산업, 문화, 도시 개발 등등 우리 삶에 중요한 거의 모든 것에 대한 방식과 계획이 정치적 결정에 달렸습니다. 입시 정책, 주거 정책, 문화 정책, 산업 정책, 금융 정책, 세금 정책 등 각종 정책이란 이름으로 우리가 먹고, 쓰고,

입고, 자고, 놀고, 일하고, 배우고, 만나는 모든 가치 있는 일에 중대한 결정을 내리는 게 바로 정치랍니다. 정치를 가치의 권위적 배분이라고 정의하는 이유죠.

정치의 중요성이 이렇게 광범위하고 지대하다 보니 각종 방송, 신문, 뉴스 매체는 다른 것을 모두 제쳐 놓고 거의 항상 정치 이야기부터 시작합니다. 그런데 뉴스에서 가장 먼저 다루는 정치 이야기는 대부분 나쁜 이야기 일색입니다. 그래서 사람들은 정치가 나쁜 것으로 생각하고 정치를 멀리해야 한다고 생각하기도 합니다. 정치 자체가 나쁜 것이 아닙니다. 다만 좋은 정치가 있듯이 나쁜 정치가 있을 뿐입니다.

정치는 꼭 필요한 것입니다. 인간이 사회를 이루고 문화를 창달해 그 문명 공동체를 지속해 발전시키려면 정치가 제대로 작동해야 합니다. 정치는 각기 다른 성격과 배경의 사람을 모이게 하고, 같은 목표를 세우고 일하게 만들어 줍니다. 아직 보이지 않는 더 나은 미래를 꿈꾸게 하고, 같이 나아가게 합니다. 《사피엔스<sup>Sapiens: A Brief History of Humankind</sup>》의 저자 유발 하라리가 말한 인류가 문명을 이룰 수 있었던 인간만의 고유한 능력 두 가지, 즉 '보이지 않는 것을 믿는 힘'과 '협력하는 힘'은 사실은 인간이 정치 본능을 타고난 정치하는 동물이기 때문에 나타나는 능력입니다.

고유한 생물학적 특성과 물질적 욕구, 물리적 한계 때문에 당장 눈에 보이는 것에만 집착하고, 자기 이익에만 몰두하기 쉽습니다. 무엇이든 먼저 차지하려고 서로 치열하게 싸우기도 하고요. 먼저 차지한 것을 뺏고 뺏기며 싸움을 반복하기도 하지요. 정치는 이 끝없는 싸움을 멈추게 합니다. 설득을 통해서든 강제력을 동원하든 이기적 인간에게 '운명 공동체'라는 보이지 않는 상상의 질서를 믿게 합니다. 공공의 이익을 위해 서로 돕고 희생하며 협력하게 만듭니다.

이것을 공공선 관점에서 설명해 볼까요? 공동체가 주는 이익은 누리고 싶으나, 그 이익을 창출하는 데 자기 걸 포기하거나 희생하고 싶어 하지 않는 개인의 마음을 무임승차<sup>free rider</sup> 본능이라 합니다. 이 무임승차 본능 때문에 공동체의 이해관계가 걸려 있는 일에는 모두 나서기를 꺼리죠. 결국 공동체의 문제를 공동체 스스로 해결하지 못하게 되는 상황을 '집단행동의 딜레마collective action dilemma'로 부릅니다. 그리고 무임승차와 집단행동의 문제를 극복하게 만드는 것이 곧 정치인 겁니다.

공동체의 과제 해결과 공공재 제공을 가능하게 하여 공동체가 유지, 발전할 수 있도록 하죠. 뜻있는 개인이 역량을 발휘하고 사회적 네트워크를 동원해 사회 구성원과 정치인을 설득할 수 있습니다. 능력 있는 정치인이 많은 유권자를 설득해 문제 해결에 나설 수 있습니다. 국가와 정부가 캠페인을 통해 국민 의식 변화와 자발적 참여를 유도할 수 있습니다. 또 국가의 법과 규제를 통해 강제할 수 있습니다. 이 모든 것이 정치의 영역입니다.

정치는 이처럼 꼭 필요하고 유익한 것입니다. 다시 돌아와서, 왜 정치 뉴스는 항상 나쁜 이야기로 가득할까요? 왜 우리는 정치를 나쁘고 멀리해야 하는 것으로 생각할까요? 가장 중요해서 각종 매체에서 가장 먼저 다뤄지는데, 또 가장 나빠서 사람들이 가장 멀리해야 하는 것으로 느끼는 게 참 아이러니합니다. 왜 그럴까요?

첫 번째, 부정 본능Negativity Instinct 때문입니다. 그리고 이에 따른 언론의 선별적 보도 때문입니다. 우리나라 청소년에게도 잘 알려진 《팩트풀니스Factfulness》의 저자 한스 로슬링Hans Rosling, 1948~2017이 지적한 대로, 세계는 이전보다 점점 더 좋아지지만 인간은 좋은 것보다 나쁜 것에 더 주목하는 경향이 있습니다. 부정 본능은 나쁘고 위험한 것을 피하게 해 우리 안전과 생명을 지키는 데 도움이 되죠. 하지만 사물과 현실을 실제보다 더 비관적으로 바라보게 해서 진보와 발전의 가능성을 저하하기도 합니다. 방송과 신문 뉴스는 부정적이고 선정적인 뉴스를 먼저 부각합니다. 이목을 가장 많이 끄는 주제인 정치에 관해 부정 본능에 호소하는 전략으로, 시청률, 조회 수, 판매 부수 등을 높일 수 있기 때문입니다. 이것을 언론의 선별적 보도라고 말합니다.

두 번째, 실제로 좋은 정치인뿐 아니라 나쁜 정치인이 존재합니다. 그리고 이들이 나쁜 정치를 하기 때문입니다. 정치인은 대체로 지배욕과 권력욕이 남다른 사람들입니다. 국가와 공동체를 위해 공헌하고 싶은 마음이 있더라도, 자기 정치적 이해관계가 엇갈린 사안에 대해서는 공공 이익보다 사적 이익을 추구합니다. 이렇게 수준 낮은 정치를 하는 거죠. 뉴스 미디어에 나오는 나쁜 정치인의 정치 행태와 그 결과를 볼 때마다 한심하기 그지없습니다. 기가 막히고, 분노가 차오르기도 합니다. 정치인이 정치의 A, B, C, D조차 제대로 모른다는 생각이 들 때도 많습니다. 의사나 변호사 자격 면허처럼, 정치인에게도 정치학 필수 과정을 이수하게 하고 정치인 자격 면허 시험을 보게 하면 좋겠다는 생각도 합니다.

세 번째, 유권자의 책임도 있습니다. 유권자가 나쁘고 실력 없는 정치인을 구별하여 걸러내지 못했기 때문입니다. 정치인의 인성, 실력, 경력, 정책 등을 제대로 살피지 않습니다. 대신 학벌, 출신 지역, 인맥, 연줄, 성향 등을 따져 가며 특정 정당과 정치인을 지지하기도 합니다. 가장 안타까운 두 가지가 있습니다. 하나는 정치의 기본 기능과 역할을 따지지 않고, 정치인끼리의 권력 게임과 알력 다툼에만 관심을 쏟는 사람들입니다. 정치를 굉장히 잘

아는 듯 떠들지만, 전혀 그렇지가 않습니다. 다른 하나는 특정 정치인에 대한 '팬심'으로 무조건적 지지와 애정을 보내는 소위 말하는 '빠' 문화입니다. 정치는 대중 예술이 아니고 정치인은 연예인이 아닙니다. 정치는 공동체를 위한 본연의 역할과 기능이 있습니다. 정치인은 그 역할과 기능을 유권자를 위하여 대행하는 서비스맨이죠. 의뢰인인 유권자는 대리인인 정치인의 서비스를 객관적으로 평가해 그에 맞는 보상(지지)과 처벌(반대)을 내리면 되는 일입니다.

이 책이 나쁜 정치인과 나쁜 정치를 줄이고 더 좋은 정치인과 좋은 정치를 늘리는 데 유용하게 쓰일 수 있으면 좋겠습니다. 일반 유권자의 정치 수준을 높이는 데 이바지하면 좋겠습니다. 정치인의 정치 실력을 향상하는 데 도움이 되면 좋겠습니다.

이 책은 고등학교에 재학하는 청소년의 정치 소양과 이해를 높이고자 쓴 책입니다. 하지만 학부모, 대학생, 직장

인을 포함한 모든 연령대의 유권자에게 도움이 되면 좋겠습니다. 대통령을 포함해 장관, 국회의원, 도지사, 시장, 지방의회 의원 등 모든 정치인이 읽고 도움을 받기에 손색이 없었으면 하는 마음으로 이 책을 집필했습니다.

마지막으로 정치가 우리에게 왜 꼭 필요한지, 우리에게 어떤 좋은 것을 주는지 다시 한번 강조하고 정리하는 것으로 끝을 맺고자 합니다. 정치는 인간이 공동체를 이루게 하고, 공통의 비전을 꿈꾸게 하고, 협동하여 함께 일하게 하고, 서로를 지키게 합니다. '인간은 정치적 동물이다'라는 아리스토텔레스의 말은 참입니다. 인간이 정치적 동물이기에 문명을 창달하고 지속 및 발전시킬 수 있었습니다. 정치가 없었다면 이 모든 게 불가능했으며, 어떠한 인간 공동체도 지속할 수 없었습니다.

정치는 각각이 공동체를 위해 자기 몫의 노력을 하도록 만듭니다. 또 그 노력이 합쳐져 나온 산출물을 각자 몫으로 나눌 수 있게 해 주죠. 이러한 생산과 분배의 과정을 공정하고 정당성 있게 주관하고 조율합니다. 이러한 원리로 정치는 우리와 우리가 사는 공동체에 꼭 필요한 안전, 법, 질서, 치안, 복지, 후생, 보건, 위생, 주거, 인프라, 교육, 의료, 안보 등을 직접 제공하여 주거나 원활히 해 줍니다. 사회적 행복의 3대 가치인 자유, 평화, 번영도 오직 제대로 작동하는 정치가 있을 때만 가능합니다. 이러한 정치를 꼭 열심히 바르게 익히고 배우고 실천하기를 바랍니다.

2023년 12월 26일 화요일,
어느 화창한 겨울날에

# 청소년을 위한 처음 정치학

**초판 1쇄 인쇄**·2024. 1. 5.
**초판 1쇄 발행**·2024. 1. 12.
—

**지은이**    박요한
**발행인**    이상용
**발행처**    청아출판사
**출판등록**  1979. 11. 13. 제9-84호
**주소**      경기도 파주시 회동길 363-15
**대표전화**  031-955-6031 팩스 031-955-6036
**전자우편**  chungabook@naver.com
—